中国近代新闻学名著系列丛书

芮必峰◎主编

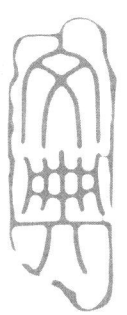

新闻之理论与现象

—— 张友渔◎著 ——

中国传媒大学出版社

·北京·

出版说明

本丛书整理再版了近代在中国用中文出版的经典新闻学著作，所涉及的图书既有专著、教材，也有译著，全面涵盖了新闻学理论、新闻业务、新闻史等领域，成书年份前后跨越40年。在这40年间，中国的新闻学科从无到有、从借鉴到创新，成就巨大。对这些著作的再次出版，为研究中国近代新闻学提供了珍贵的史料，绘制了中国近代新闻学的全景，度量了中国近代新闻学的厚度，填补了该领域空白，也为纪念中国新闻学诞生100周年献上了一份厚礼。

我们请中国人民大学新闻学院教授、博士生导师，广西大学新闻传播学院院长，教育部社会科学委员会委员兼新闻传播学科召集人郑保卫，及中国传媒大学传播研究院院长、教授、博士生导师，中央实施马克思主义理论研究和建设工程新闻学首席专家雷跃捷对本丛书的内容进行了审定，并根据专家的意见进行了修改。在此对两位专家所付出的辛勤劳动表示衷心感谢。

由于历史原因，本丛书中的个别图书存在一些问题，为保存历史原貌，为研究者提供一手的参考资料，影印时均基本保持其原貌，未作大的删改，希望读者结合当时的历史条件和历史环境，对其中的观点进行批判性借鉴。原书中存在一些错别字、漏字和排版错误，我们在影印时均未做改动，敬请读者注意。

由于原书出版年代久远，本丛书中的许多书籍难觅其踪，存世数量稀少，版权状况极其复杂。为了保证本丛书的学术性和完整性，我们将具有价值的图书先行选入其中，进行了抢救性发掘，力图保存中国新闻史珍贵的历史资料。版权所有人若有异议，请及时与我们联系。

为更好地体现中国近代新闻学的发展脉络，本丛书特别收录了欧美学者休曼的《实用新闻学》、斯蒂德的《新闻学的理论与实际》；日本学者松本君平的《新闻学》、后藤武男的《新闻纸研究》、杉村广太郎的《新闻概论》。当年这些书的出版对中国近代新闻学具有一定的借鉴意义。

本丛书为影印制作，成书清晰度由原书决定，由于出版年代久远，受当时生产力水平及制作方法限制，难免会存在一些缺陷，敬请读者谅解。

中国传媒大学出版社

总　序

如果从1903年商务印书馆编译出版日本人松本君平的《新闻学》算起，中国的新闻学已有115年历史[①]。如果从1918年北大新闻研究会建立，徐宝璜开办新闻学讲座算起，中国新闻学教育和研究迄今正好100年历史。我们搜集整理了清末至民国期间一些有代表性的新闻学书籍，希望借此重现早期中国近代新闻学的本来面貌，反映我国新闻学发展的历史脉络，我们认为，这对中国新闻学术、教育史研究以及中国近现代思想史研究都是很有意义的。

从1903年到1949年9月的40多年间，我国公开出版和内部印行的新闻学书籍，包括专著、教材、论文集、资料汇编、参考工具书等，约468种之多。[②]它们集中反映了我国新闻学的历史发展轨迹。然而，由于多种原因，这些书籍除了几本曾被重印出版外，大多已经是“只闻其名、难觅其踪”，这对我国新闻学研究不能不说是一个遗憾。

本丛书在梳理1903—1949年间出版的有代表性的新闻学书籍的基础上，精选了50部著作，校订注释，编纂再版，也算对这一遗憾的弥补。

从我们挑选的这50部新闻学书籍来看，中国早期新闻学的发展有三个鲜明的特点：

一、中国早期新闻学的发展与中国社会发展，尤其与国家民族利益息息相关

40多年间，中国新闻学从近乎空白到勃然而兴，这与中国社会的动荡、变

① 黄天鹏回顾新闻运动时说：“有清光绪二十八年，商务印书馆刊行《新闻学》一书，为我国人知有新闻学之始，原书为日人松本君平所著……”资料来源：黄天鹏. 新闻运动之回顾［A］. 黄天鹏. 新闻学名论集［C］. 上海：上海联合书店，1929.

② 林德海，等. 中国新闻学书目大全1903—1987［M］. 北京：新华出版社，1989.

革休戚相关。西方新闻学是现代化的产物，最早形成于19世纪末20世纪初。1901年，“新闻学”一词首见于中文报章[①]，但直到民国前夕，国人对于“新闻有学乎”尚存疑，认为报社就是新闻人才的“养成所”。至1912年上海报业俱进会以“吾国报业之不发达……其最大原因，则为无专门之人才”[②]为由，号召组织报业学堂，培养报业专门人才。不难看出，此时新闻界亦将新闻学视为办报之“技”。至1918年邵飘萍为徐宝璜《新闻学》作序仍“窃叹我国新闻界人才之寥落，良由无人以新闻为一学科而研究之者”[③]。黄天鹏把1903年至1918年新闻学研究会建立之前的十余年视为中国新闻学的启蒙期。[④]

1918年，随着以启蒙为目标的新文化运动愈演愈烈，新思潮涌入国门，“新学”“西学”站在旧传统的对立面被学界关注，新闻学思想也不例外。作为公学之首和新文化运动中心的北京大学率先开办新闻学研究会，力证了“新闻学”存在的正当性；徐宝璜《新闻学》一书问世，成为中国新闻学理论的奠基之作。新闻学教育兴起，新闻学研究著作渐盛，待到北伐前夕，中国新闻学从学理上和实践上俱已建立起来。

新文化运动后期，马克思主义传入中国，资本主义文明逐渐“祛魅”。之后的大萧条使得西方国家的痼疾暴露无遗，曾经“理想之彼方”的西方报业也难以幸免。在这一时代背景下，如何建立“吾国之报业”成为新闻学研究的热点，围绕这一热点，一方面，关于中外新闻理论、新闻事业、新闻业务的著作日益涌现；另一方面，军阀对于激进言论的暴力摧残，又引发了新闻人对于言论自由的论争。20世纪20年代的中国新闻学呈现百家争鸣之势。

“在这言论自由纷争之际，也有若干论调，认为新闻纸不过是一种政治宣传的工具，在新闻学方面也唱过所谓社会主义的新闻理论，不过这种论调没有完成，当头的国难已把这种理论粉碎。”[⑤]“九一八”事变后，面对空前的民族危机，“国家至上、民族至上”成为国论，报业成为勾连与动员社会的渠道和网络，

---

① 梁启超．本馆第一百册祝辞并论报馆之责任及本馆之经历［J］．清议报，1901（100）：1–8．

② 戈公振．中国报学史［M］．上海：上海书店，1989：278．

③ 徐宝璜．新闻学［M］．长春：时代文艺出版社，2009：7．

④ 黄天鹏．四十年来中国新闻学之演进［M］//龙伟，任羽中，王晓安，何林，吴浩．民国新闻教育史料选辑．北京：北京大学出版社，2010：149．（以下征引本书时，一律简注为《民国新闻教育史料选辑》。）黄天鹏在此文中提出他对于1903年到战事结束的40余年间中国新闻学发展阶段的划分，原载《中国新闻学会年刊》第1期，1942年9月。

⑤ 黄天鹏．四十年来中国新闻学之演进［M］//民国新闻教育史料选辑．北京：北京大学出版社，2010：161．

致力于推动“舆论统一”。直到全面抗战中期之前，以战争宣传动员为主要研究目标的“战时新闻学”都是新闻学研究的热点。

1943—1949年中华人民共和国成立前夕，随着战争形势的转变，抗日战争已现胜利的曙光，中国新闻学人开始构想新闻业的未来。萨空了①于1943年开始着手书写《科学的新闻学概论》，旨在提醒新闻人应“鉴于美英的前车”②，避免报纸“为大财阀资本家所独占”③，“积极地设法使报纸成为大多数民众自己的相互报道消息、提供意见的工具”④。

二、中国新闻学是“西学东渐”的产物，中国早期新闻学人大多具备西学背景

“西学东渐”的内在精神是中体西用。在“用”的招牌下，西学大量涌入。中国新闻学直接引自日本和美国。首先，中国最早的新闻学译著分别为1903年商务印书馆编辑出版的松本君平的《新闻学》和1913年美国记者休曼著、史青编译的《实用新闻学》。前者成为中国新闻学的开端，而后者作为美国第一本新闻教育著作，“提供采访编辑各种实际问题的解决方案”⑤，也奠定了中国新闻人对于新闻教育之作用的基本构想。

早期中国新闻学人大多具备留美留日的求学背景。徐宝璜曾于美国密歇根大学修习经济学与新闻学，其《新闻学》（1919）的参考文献包括在美国出版的图书23种、在英国出版的图书7种，印证了时任北大校长蔡元培所言，“新闻学之取资，以美为最便矣”⑥。任白涛求学日本早稻田大学政治经济学系时，加入了《朝日新闻》名记者杉村楚人冠等筹建的“大日本新闻学会”⑦，《应用新闻学》

① 萨空了（1907—1988）四川成都人，蒙古族，笔名了了、艾秋飚，记者、主编、新闻学家。1927年任《北京晚报》《世界日报》编辑记者、《世界画报》总编辑。曾任教民国学院新闻系、北京新闻专科学校。1935年任上海《立报》副刊主编、总编辑兼经理。中华人民共和国成立后任中央人民政府新闻总署副署长兼新闻摄影局局长、出版总署副署长、全国政协副秘书长兼《人民政协报》总编辑等职。负责主编《中国大百科全书·新闻出版》卷，著有《科学的新闻学概论》《科学的艺术概论》《宣传心理研究》等。

② 萨空了. 科学的新闻学概论［M］. 香港：文化供应社，1946：36.

③ 萨空了. 科学的新闻学概论［M］. 香港：文化供应社，1946：36.

④ 萨空了. 科学的新闻学概论［M］. 香港：文化供应社，1946：36.

⑤ 黄天鹏. 四十年来中国新闻学之演进［M］//龙伟，任羽中，王晓安，何林，吴浩. 民国新闻教育史料选辑，北京：北京大学出版社，2010：157.

⑥ 邓绍根. 中国新闻学的筚路蓝缕：北京大学新闻学研究会［M］. 北京：清华大学出版社，2015：228.

⑦ 1915年《朝日新闻》的杉村楚人冠等在庆应义塾大学创办“新闻研究会”并讲授课程，后根据该讲义出版了《最近新闻纸学》（1918）。其时，杉村楚人冠还兼任“大日本新闻学会”的筹建者与学会新闻讲座讲师。

（1922）正是仿照杉村楚人冠《最近新闻纸学》一书体例所做。[①]邵飘萍的《实际应用新闻学》（1923）亦参考了《最近新闻纸学》。[②]杉村楚人冠深受美、德新闻思想熏陶，美、日、德的新闻思想因故才传到中国。

事实上，正是留美、留日学生群体的新闻学著述构建起了中国早期新闻学的基本框架。仅本丛书所涉国内著（编）者30人中，剔除资料不详者3人，有留学经历者共计15人。其中留美5人：徐宝璜、伍超、赵敏恒[③]、戈公振[④]、曹用先[⑤]；留日8人：吴定九[⑥]、邵飘萍、黄天鹏、任白涛、张友渔[⑦]、谢六逸、袁殊[⑧]、王文萱[⑨]；

① 周光明．近代新闻史论稿［M］．北京：社会科学文献出版社，2014：276.

② 方晓红．中国新闻简史［M］．南京：南京师范大学出版社，1996：122.

③ 赵敏恒（1904—1961），记者、新闻学教授。早年就读于清华大学，1923年起先后于美国科罗拉多大学文学院、密苏里大学新闻学院、哥伦比亚大学新闻学院攻读英国文学和新闻学，并获新闻学硕士学位。1925年起在纽约环球通讯社当编辑。1927年回国，在国民政府外交部情报处短暂工作后加入路透社。1945年10月任《新闻报》总编，兼任复旦大学新闻学教授。

④ 留学两个及两个以上国家的，按其留学的第一个国家计。

⑤ 曹用先，女，宁波人，天津南开大学社会科毕业。1926年与未婚夫查良鉴自南开大学毕业后，同赴密歇根大学留学，1930年在该校安娜堡完婚。硕士毕业后回国，曾就职于上海商务印书馆编辑所并任教于大夏大学，1949年与查赴台，1951年4月病逝于台湾。

⑥ 吴定九（1890—1930），名鼎，字定九，嘉定人。著名报人，《京报》元勋之一，著有《新闻事业经营法》。公派赴日本名古屋学习土木工程时，与在东京政法学校读书的邵飘萍成为密友。1923年9月，私立北京平民大学设立报学系，时任京报社经理的吴定九担任教授并讲授专业课程“新闻经营法”。

⑦ 张友渔（1898—1992），原名张象鼎，字友彝，又名张忧虞，山西灵石人。法学家、政治学家、新闻学家。先后求学于山西第一师范学校，国立北平法政大学法律系。1927年任《国民晚报》社长兼总编辑。同年加入中国共产党，任中共北平市委委员兼秘书长。1930年赴日留学。“九一八”事变后回国任《世界日报》主笔及燕京大学、中国大学、民国大学、中法大学、北平大学法商学院教授，讲授宪法学、劳动法学、新闻学和日本问题。1943年起在重庆任中共南方局文委秘书长、《新华日报》社论委员会委员、中共重庆工作委员会候补委员兼政策研究室副主任、《新华日报》代总编辑等职。

⑧ 袁殊（1911—1987），中共谍报人员、记者、新闻学者。早年赴日攻读新闻学、东洋史。曾创办上海自修大学并设新闻专科。1931年3月创办的《文艺新闻》，最早揭露了左联五烈士被害的消息。1932年任新声通讯社记者，经潘汉年引介加入共产党。1942年卧底敌伪报纸《新中国报》，1945年10月转移到苏北解放区；1949年调入中央情报部门。著《记者道》《学校新闻讲话》《新闻大王赫斯特》等书；译《新闻法制论》等。

⑨ 王文萱，曾留学日本，1930年5月翻译杉村广太郎的《新闻概论》。1942年国立社会教育学院新闻系成立，王文萱在该系教授新闻业务课程。1947年年初，李宗仁授意萧一山在北平创办《经世日报》作为喉舌，任命王文萱、蓝文澄两位教授为主笔。

旅欧2人为胡愈之和储玉坤[①]（详情见表）。这些涉足新闻学研究的归国留学生兼容并蓄，汲取美、日、德等国新闻理论和马克思主义新闻思想的精华，进行本土化改良，亦从侧面反映出中国新闻学的理论来源。

三、中国早期新闻学人往往兼新闻实践、新闻教育、新闻研究于一身

1918年，北京大学新闻学研究会成立，徐宝璜负责讲授新闻学知识。他结合自身从业经验，参考欧美新闻学书目，形成课程讲义；再结合讲课心得，不断完善新闻学理论。1919年，国人自撰的第一本新闻学专著《新闻学》最终成书。徐在自序中细陈写书修书之过程："新闻学乃近世青年学问之一种，尚在发育时期。余对于斯学，虽曾稍事涉猎，然并无系统之研究。客岁蔡校长设立新闻学研究会，命余主任其事，并兼任导师。余乃于暑假中，正式加以研究，就所得著《新闻学大意》一篇，以为开会后讲演之用。……开会后，余继续研究，加以会员之质疑问难，时有心得，遂将原稿加以修改，成第二次之稿……"[②]显然，"曾稍事涉猎"指其曾经担任《晨报》主笔的工作经历。早期中国新闻学人兼具从业经验和新闻学教学经验者多会总结实践经验、丰富新闻理论、著书立说、传道授业，这种情况并不鲜见。

从早期新闻学著作的作者（编者）身份来看：本丛书涉及国内著（编）者30人，除李公凡、刘元钊和鲁风三人身份不详，仅蒋国珍[③]、项士元[④]二人没有明确的新闻从业经验。而在这25人中，更有20人兼具从业经历与从教经历。新闻学人大多具有新闻从业经历，学术研究、传承活动与新闻实践密不可分（详

---

① 储玉坤，1912年生，江苏宜兴人，笔名雨君、储华。1937年中央政治学校大学部新闻学及国际政治专业毕业。1938年1月任《文汇报》编辑兼社论撰述者；1938年5月担任《文汇报》法国哈瓦斯分社编辑；抗战胜利后，任《文汇报》总主笔。1946年5月转任《申报》主笔和法国新闻社远东分社中文部主任，兼任中国新闻专科学校教务长和沪江大学新闻系教授。著有《现代新闻学概论》《第二次世界大战史》《美国经济》。

② 邓绍根，中国新闻学的筚路蓝缕［M］. 北京：清华大学出版社，2015：244.

③ 蒋国珍出生于1896年，江苏溧阳人，做过学生运动领袖、国民党党员、教育工作者、政府职员、银行经理。曾加入上海学生运动，代表上海全国各界联合会、全国学生联合会、上海各界联合会、学生联合会四团体发声。虞文俊认为其传世的《中国新闻发达史》翻译自日本人伊藤武雄的《中国新闻发达史》，即蒋国珍应为此书的译者而非著者。

④ 项士元（1887—1959），佛教居士、学者。原名元勋，号慈圆，又号石槎。浙江临海人，通日、英、德、梵、俄文，一生佛学著作等身。25岁毕业于杭州府中学堂，后办私立小学和赤城初级师范，兼任各校教师；捐资并赠书创办了临海图书馆。项士元长期辗转江浙等地从事教育、新闻和史志方面的研究工作。中华人民共和国成立后主持台州文管会，任浙江省文史馆馆员。所著《浙江新闻史》是中国最早的新闻史之一。

见表1[①])。

从新闻学著作本身来看，许多民国新闻学书籍正是新闻实践和新闻教育的直接产物：国人自撰的第一部新闻采访学专著——《实际应用新闻学》根据邵飘萍在北京大学新闻学研究会和平民大学新闻系的讲稿所著，《新闻学总论》一书则根据邵氏国立政法大学的新闻学讲义整理而成；周孝庵[②]根据自己在复旦大学的新闻学讲义编著了《最新实验新闻学》；郭步陶[③]的《本国新闻事业》是上海市私立申报新闻函授学校讲义之十一；而《新闻学的基础知识》本就是中美日报读讯会[④]为新闻学自修者所出版的教材《实用新闻学讲义》之一；储玉坤的《现代新闻学概论》则是专门为大学新闻理论教科书而编写的（详见表2）。

正是由于早期新闻学人兼新闻实践、新闻教育、新闻研究于一身，才能为理论教学与著述提供最鲜活的案例，促使新闻实践经验迅速融入新闻学理论研究。这是近代中国新闻学迅速发展的重要因素，对于当今的新闻学研究、新闻学教育工作也有重要启示。

本丛书编委会邀请相关领域资深专家进行研讨，认真甄选了书目，仔细进行了版本比较和甄别，从而保证了本丛书较高的学术权威性。

由于历史的局限，民国新闻学书籍的不足是明显的，如学术理论不成熟、部分话语和话题打上了深深的时代烙印等；又因书中涉及的新闻稿件写作于特定历史环境和历史年代，其表达方式不严谨亦不可避免。盖所选书目皆是历史文献，我们在审校中尽量保持其历史原貌，不做大的删改；对极个别对马克思

---

① 李秀云. 留学生与中国新闻学［M］. 天津：南开大学出版社，2009：239-251. 本书中李秀云整理了民国期间从事新闻学研究的留学生44人，并分析其留学国别构成、专业构成、新闻实践经历、从教经历等。

② 周孝庵（1900—1973），佛教学者、律师、报人。松江府人。毕业于江苏省立第一商业学校。历任上海时事新报馆记者、编辑、主编，著《最新实验新闻学》。1928年秋被复旦大学聘为新闻学教授。曾于上海法政大学获法学学士学位，1930年兼律师。1932年主编上海《新闻报》“法律质疑”栏目、编著了《法律质疑汇编》。上海沦陷后，曾氏关闭了律师事务所，潜心佛学研究。

③ 郭步陶（1879—1962），原名成爽，后改名惜，字步陶。四川隆昌人。名记者、新闻研究者。1911—1917年任《申报》编辑，1917年任《新闻报》编辑主任、主笔。1930年任教于复旦大学新闻系。上海沦陷后赴香港，任职于《申报》（香港）、《星岛日报》；1939年创建中国新闻学院（香港）并任院长。抗战胜利后回沪任教于复旦大学、新中国学院。

④ 《中美日报》是“孤岛”时期的国民党报纸，为躲避日伪新闻检查，在美商罗斯福出版公司招牌下运作，副刊有《集纳》《堡垒》等。1938年11月创刊，1941年12月停刊，1945年8月复刊，次年4月终刊。总编先后为杨勋民、查修、詹文浒，总主笔周宪文，执笔者有储玉坤、章丹枫等。胡道静曾任英文编辑。报社读讯会为自修新闻学的读者出版了《实用新闻学讲义》，共计10种，对编辑术、采访术、评论作法、新闻写作、新闻学史、剪报工作等都有专篇论述。

主义、共产党等的不适当叙述已进行了删除处理。

本丛书规模较大，从策划项目、搜集资料、校订编纂到审稿成书，历时两年有余。这50本书可能并非本本经典，其中有些内容亦有重复、雷同之处，但瑕不掩瑜，它们对于研究中国新闻学功不可没，作为新闻史资料极具研究价值。感谢中国传媒大学出版社和安徽大学新闻传播学院诸位老师的辛勤付出，也希望读者在本丛书中能读出更丰富的内容，获得启发并更深入地思考。

丛书主编　芮必峰

2018年5月7日

附表：

表1　著者受教育、从业、从教及著述情况列表

序号	姓名	是否留学及留学国家	从业经历	从教经历	著作
1	徐宝璜	美国密歇根大学，经济学、新闻学	北京《晨报》主笔	北京大学新闻学研究会、北京平民大学新闻系	《新闻学》《新闻事业》
2	戈公振	1927年赴美国、日本考察新闻事业	首创《图画时报》、“上海新闻记者联合会”会长、《申报》总管理处设计处主任兼《申报星期画刊》主编	上海南方大学新闻系、上海国民大学新闻系、复旦大学新闻系、上海沪江大学商学院、上海民治新闻学院	《新闻学撮要》《中国报学史》《新闻学》
3	邵飘萍	东京政法学校	《汉民日报》主编、《时事新报》《申报》《时报》主笔、创办“北京新闻编译社”、《京报》社长	北京大学新闻学研究会、北京平民大学新闻系、国立法政大学	《实际应用新闻学》《新闻学总论》
4	吴定九	日本名古屋工业专门学校土木工程	主持《京报》	北京平民大学新闻系、国立法政大学	《新闻事业经营法》
5	谢六逸	日本早稻田大学东洋文学史	《立报》文艺副刊《言林》主编、《国民周刊》《趣味》周刊主编	复旦大学新闻系、申报新闻函授学校、国立社会教育学院新闻系、暨南大学新闻系、大夏大学新闻系	《实用新闻学》《国外新闻事业》《新闻储藏研究》
6	黄天鹏	日本早稻田大学新闻系硕士	在北平创刊《新闻学刊》并担任主编	复旦大学新闻系、上海沪江大学商学院新闻学科	《新闻文学概论》《中国新闻事业》《新闻学入门》《新闻学概要》
7	赵敏恒	美国科罗拉多大学文学院、密苏里大学新闻学院、哥伦比亚大学新闻学院攻读英国文学和新闻学，并获新闻学硕士学位	纽约环球通讯社编辑，后加入路透社。“九一八”事变后为美国国际新闻社、伦敦《每日电讯报》《朝日新闻》等供稿。1945年10月任《新闻报》总编辑	复旦大学新闻系、中央政治学校新闻系、暨南大学新闻系	《外人在华的新闻事业》

续表

序号	姓名	是否留学及留学国家	从业经历	从教经历	著作
8	周孝庵	无	历任上海时事新报馆记者、编辑、主编；主编《上海新闻报》“法律质疑”栏目	复旦大学新闻系、新闻大学函授科	《最新实验新闻学》
9	张友渔	1930年、1932年、1935年多次赴日学习新闻学、考察日本新闻事业	《世界日报》编辑、《大同晚报》总编辑、《国民晚报》社长、《泰晤士报》总编辑、《新华日报》社论委员	燕京大学新闻系、北平民国学院新闻系	《新闻之理论与现象》《日本新闻发达史》
10	袁殊	日本新闻专科学校、早稻田大学历史系	创办《文艺新闻》《译报》、新声通讯社记者	上海自修大学新闻专科	《记者道》《学校新闻讲话》《新闻大王赫斯特》《新闻法制论》（译）
11	胡愈之	1928年法国巴黎大学攻读国际法	《东方杂志》编辑、创办《公理日报》、哈瓦斯通讯社远东分社中文部编辑主任、主编新加坡《南洋商报》		《胡愈之出版文集》
12	储玉坤	留法	《新闻报》编辑、《文汇报》编辑、法国哈瓦斯通讯社中国分社编辑、《文汇报》总主笔、《申报》主笔、法国新闻社远东分社中文部主任	中国新闻专科学校、沪江大学新闻系、之江大学新闻系、致用大学新闻学系	《现代新闻学概论》
13	任白涛	日本早稻田大学政治经济学	创办中国新闻学社、《新湖北日报》总编辑		《应用新闻学》《综合新闻学》
14	曹用先	美国密歇根大学①	上海商务印书馆编辑所②	大夏大学③	《新闻学》

① 毛彦文. 往事［M］. 北京：商务印书馆，2012：28.

② 雪林. 一段值得介绍的婚姻（红藏·生活·第四卷第三十八期）［M］. 湘潭：湘潭大学出版社，2014：435-437.

③ 毛彦文. 往事［M］. 北京：商务印书馆，2012：28.

续表

序号	姓名	是否留学及留学国家	从业经历	从教经历	著作
15	王文萱	留日[①]	《经世日报》[②]	国立社会教育学院新闻系[③]	《新闻概论》（译）
16	伍超	留美“攻读新闻科”[④]			《新闻学大纲》
17	郭步陶	无	《申报》编辑、《新闻报》编辑主任兼主笔、《申报》（香港）、《星岛日报》编辑	复旦大学新闻系、《申报》新闻函授学校、中国新闻学院（香港）、新中国学院	《本国新闻事业》
18	任毕明[⑤]	无	《民国日报》《时报》《快报》主笔、《大众日报》总编辑	香港中华新闻学院	《战时新闻学》《评论学十讲》
19	赵君豪[⑥]	无	《申报》副总编辑	上海商学院新闻专修科、复旦大学新闻系、上海法政学院新闻专修科	《中国近代之报业》《上海报人的奋斗》

① 杉村广太郎．新闻概论·黄序［M］．王文萱，译．上海：联合书店，1930．

② 冯国定．忆萧一山先生［M］//中国人民政治协商会议北京市委员会文史资料研究委员会文史资料选编（第43辑），北京：北京出版社，1992：104．

③ 苏州大学社会教育学院．峥嵘岁月（第三集）［M］．北京、上海、南京、苏州校会．1991：229．

④ 伍超．新闻学大纲·自序［M］．上海：商务印书馆，1925．

⑤ 任毕明，原名任大任，生于1904年，广东鹤山人。1925年在广西梧州创办《民国日报》，曾任《时报》《快报》主笔，主持过香港的《大众日报》。参与创办香港中华新闻学院，并任教。著作有《龙虎集》《风云集》《社会大学》《新社会大学》《战时新闻学》和《评论学十讲》等。

⑥ 赵君豪（1900—？）江苏兴化人。报人。“五四时期”求学于上海交通大学，经常给著名的《民国日报》副刊《觉悟》投稿，并与时任《觉悟》编辑的邵力子讨论种种社会改造问题。毕业后进入《申报》馆工作，抗战后任《申报》副总编辑。1929、1942年两度兼任复旦大学新闻系编辑教授；1930年兼任上海法政学院新闻专修科教授，讲授采访学；曾任《申报》新闻函授学校教授。1944年10月在重庆出版《上海报人的奋斗》。

续表

序号	姓名	是否留学及留学国家	从业经历	从教经历	著作
20	杜绍文[①]	无	杭州《民国日报》国际版编辑、《东南日报》《前线日报》主笔兼《新闻战线》周刊主编、《东南日报》总编辑、《文汇报》办公室主任	复旦大学新闻系	《新闻政策》《中国报人之路》《战时报学讲话》《国际新闻纵横谈》
21	胡道静[②]	无	《万有文库》编辑、上海通志馆编修、《通报》《中美日报》《大晚报》等报记者、编辑、撰稿人	上海法政学院新闻专修科	《上海新闻事业之史的发展》
22	张静庐	无	创办上海杂志公司并出任总经理		《中国的新闻记者与新闻纸》《中国近代出版史料》《中国现代出版史料》《中国出版史料》《在出版界二十年》
23	萨空了	无	《北京晚报》编辑记者、《世界日报》画刊编辑、《世界画报》总编辑、天津《大公报》艺术半月刊主编	民国学院新闻系、北京新闻专科学校	《科学的新闻学概论》

① 杜绍文（1909—？），又名杜超彬，广东澄海人。1927年入复旦大学中文学新闻组学习，1931年留校助教。后任杭州《民国日报》国际版编辑、资料室主任、浙江《东南日报》主笔。抗战期间主编浙江战时新闻学会会刊《战时记者》月刊，《国民日报》总编辑、社长；抗战胜利后任上海《前线日报》主笔兼《新闻战线》周刊主编。1946年至1951年间任复旦大学新闻系教授，1952年任上海《文汇报》记者、编委办公室主任。著有《新闻政策》《中国报人之路》《战时报学讲话》《国际新闻纵横谈》。

② 胡道静（1913—2003），安徽泾县人。1931年毕业于上海持志大学国语系。曾参加《万有文库》编辑和上海通志馆编修工作。"孤岛"时期坚守上海新闻界抗日宣传工作，任《通报》《中美日报》《大晚报》《密勒氏评论报》记者、编辑、撰稿人，同时在上海法政学院新闻专修科讲授新闻史课程，为共产党的抗日宣传培养新闻干部。1949年后历任中华书局上海编辑所编辑、上海人民出版社编审等。

续表

序号	姓名	是否留学及留学国家	从业经历	从教经历	著作
24	管照微[①]		复旦大学校刊编辑、1931年兼任上海新闻社记者	兰州大学经济系	编《新闻学论集》
25	项士元				
26	蒋国珍	疑为《中国新闻发达史》的译者而非著者[②]			
28	李公凡	不详			
27	鲁风	不详			
28	刘元钊	不详			

① 管照微，高中就读于上海立达学园，曾与王济深、刘仲达、唐旭之等先后组织了“时潮社”和“立达剧团”。后进入复旦大学新闻系学习，与伍梦窗、林楚君、向浦、徐之津等加入了复旦大学“左联”，并负责复旦大学的校刊编辑工作。1933年12月21日因宣传左翼思想被捕，后任教于兰州大学经济系。

② 虞文俊是东亚中国新闻史研究第一人。《中国新闻发达史》译者蒋国珍初考［J］. 新闻界，2015（15）.

表2　书目

序号	年份	书名	作者	备注
1	1903	新闻学	〔日〕松本君平 著	
2	1913	实用新闻学	〔美〕休曼著 史青译	
3	1919.12	新闻学	徐宝璜① 著	北京大学 新闻研究会讲稿
4	1922.11	应用新闻学	任白涛② 著	
5	1923.8	实际应用新闻学	邵振青 著	北京平民大学、 国立法政大学讲义
6	1924.4	新闻事业	徐宝璜 胡愈之 著	
7	1924.6	新闻学总论	邵飘萍 著	
8	1925.1	新闻学大纲	伍超 著	
9	1925.2	新闻学撮要	戈公振③ 编	
10	1927.9	中国新闻发达史	蒋国珍 著	
11	1927.11	中国报学史	戈公振 著	
12	1928.9	中国的新闻纸	张静庐 著	
13	1928.11	最新实验新闻学（上）	周孝庵 著	复旦大学新闻系
14	1928.11	最新实验新闻学（下）	周孝庵 著	复旦大学新闻系
15	1930.4	新闻事业经营法	吴定九 著	
16	1930.5	新闻概论	〔日〕杉村广太郎 著 王文萱 译	

① 徐宝璜，中国新闻学者、新闻教育家。1912年毕业于北京大学，后公费留美，于密歇根大学攻读经济学、新闻学。徐宝璜在美国密苏里大学受过系统的新闻学教育。

② 任白涛，笔名冷公、一碧，河南南阳人。1911年辛亥革命后，先后担任上海《民立报》《神州日报》《新闻报》驻河南特约通讯员，参加当地反袁活动。1916年留学日本，在早稻田大学攻读政治经济学，并加入了大日本新闻学会。

③ 戈公振所著的《中国报学史》最早由上海商务印书馆出版，是研究新闻学和我国新闻事业发展史的开山之作，国内外新闻界将之誉为中国首部新闻史学权威著作。任教上海国民大学期间，戈公振开始着手《中国报学史》一书的写作。在从事新闻工作之余，戈公振致力于新闻教育事业和新闻学研究工作，曾在上海国民大学、南方大学、大夏大学、复旦大学等校新闻系和杭州暑假报学讲习所讲授新闻学方面的课程，在新闻学研究上留下了许多著述。

续表

序号	年份	书名	作者	备注
17	1930.8	中国新闻事业（上）	黄天鹏[①] 著	
18	1930.8	中国新闻事业（下）	黄天鹏 著	
19	1930.8	新闻纸研究	〔日〕后藤武男 著 俞康德 译述	
20	1930.9	浙江新闻史（上）	项士元 编	
21	1930.9	浙江新闻史（下）	项士元 编	
22	1932.7	学校新闻讲话	袁殊 著	
23	1932.8	外人在华的新闻事业	赵敏恒 著	
24	1933.4	新闻学入门	黄天鹏 著	
25	1933.10	新闻学论集	管照微 编	复旦新闻学会丛书
26	1935	实用新闻学（上）	谢六逸[②] 编	申报新闻函授学校讲义之三
27	1935	实用新闻学（下）	谢六逸 编	申报新闻函授学校讲义之三
28	1934.1	新闻学	曹用先	
29	1934.2	新闻学概要	黄天鹏 编	复旦大学讲义、上海沪江大学新闻学专修科
30	1935	上海新闻事业之史的发展	胡道静 著	
31	1936.5	新闻学讲话	刘元钊 编著	

① 黄天鹏，字天鹏，别号天庐。1927年1月，他创办了我国首个新闻学刊（1929年扩改为《报学月刊》）并任主编；他是我国新闻学术史上最早研究新闻学之产生及发展史的学者，是我国具有新闻学术史观的第一人。他于1923年就读于北京平民大学报学系，1929年留学日本,修业新研究所,旋入早稻田大学新闻系。归国后出版了《新闻文学概论》《中国新闻事业》《新闻学入门》《新闻学概要》等十余本新闻学专著。

② 谢六逸，中国现代新闻教育事业的奠基者之一。著名的作家、翻译家、教授。1917年以公费生身份赴日就读于早稻田大学。1922年毕业归国，入商务印书馆工作。后历任神州女校教务主任及暨南大学、复旦大学、大夏大学教授。1930年任复旦大学中文系主任，并创设了后来闻名海内外的复旦大学新闻系，任主任。

续表

序号	年份	书名	作者	备注
32	1936	本国新闻事业	郭步陶 编著	申报新闻函授学校讲义十一
33	1936.6	新闻之理论与现象	张友渔 著	
34	1936.11	记者道	袁殊 著	
35	1937.7	现代新闻学概论	储玉坤 著	国民党政府唯一指定大学新闻理论教科书
36	1938.7	战时新闻学	任毕明 著	
37	1938.9	中国近代之报业（上）	赵君豪 著	
38	1938.9	中国近代之报业（下）	赵君豪 著	
39	1938.10	基础新闻学	李公凡 著	
40	1939.7	中国报人之路	杜绍文 著	
41	1940.4	新闻学	戈公振 著	1932 年完稿，另有 1947 年版
42	1941	新闻学的基础知识（上）	中美日报读讯会 编	中美日报读讯会实用新闻学讲义
43	1941	新闻学的基础知识（下）	中美日报读讯会 编	中美日报读讯会实用新闻学讲义
44	1941.7	综合新闻学 1	任白涛 著	
45	1941.7	综合新闻学 2	任白涛 著	
46	1941.7	综合新闻学 3	任白涛 著	
47	1944.9	新闻学	鲁风 著	新中国自修学院约稿
48	1946.6	科学的新闻学概论	萨空了 著	另有 1945.3 出版的署名艾秋飚的版本
49	1946.11	新闻史上的新时代	胡道静 著	
50	1947.12	新闻学的理论与实际	〔英〕斯蒂德 著 王季深 吴饮冰 译	上海文化函授学校读本

自序

這本書，主要是集一九三一年以來，我所譯著關於新聞理論，新聞政策及新聞事業的論說或記述而成。因爲不是系統的著作，頗難加以一個適當的名稱。偶見日人喜多壯一郎氏所著集納利基姆之理論與現象一書，內容，體製均與本書相近，因師其意，把本書也叫做新聞之理論與現象。

本來，我從十幾歲起，到現在止，二十年來，不論在學校讀書或教書，又不論是從事社會運動或政治工作，始終沒有拋開了新聞理論和新聞政策的研究，且也始終和新聞事業保持着直接或間接的關係。除却自己經營和代人管理過報社外，曾經外而從地方報紙的訪員起，經過滬漢報紙的駐平津記者的階段，以至平津報紙的國外特派員；內而從報尾巴的撰述和編輯起，經過教育新聞，國內要聞等版編輯的階段，以至總編輯乃至主筆。其間，在報紙上所發表的東西，從報尾巴的小品文起，到報頭的社論止，不知已有多少字了。但關於新聞理論，新聞政策及新聞事業之著述，則自一九三一年始。

一九三一年以來，我幾度東渡，考察日本的新聞事業，並担任幾家報社的駐東京特派員曾寫了幾篇關於新聞事業的通信；而在歸國期間，則又濫竽北平世界日報主筆之職，並在燕京大學等數校，担任講授新聞學課程，因爲職業關係，不能不發表些關於新聞理論，政策及事業的文字和言論。尤其世界日報的新聞學週刊，差不多是每期，都有寫一篇東西——著述或翻譯——的義務的。

一九三四年冬，離平東來，閒居無聊，偶翻書篋，看到這些已經發表過的東西，自覺有編輯成書，付諸剞劂的必要，遂略加修改，並加入新譯「新聞是必要的」，「日本的新聞」，「英美德法的新聞」，「法西斯蒂統制下的意大利報紙」，「中國新聞界的新動向」等五篇材料，托由太原中外語文學會代爲出版。

這裏，所謂自覺有出版的必要，固然是因爲自己愛惜自己寫的東西，不願任其散佚；但也是因爲客觀上，在現在的中國，還需要這樣的東西。這些東西，雖然不是在同一個時期寫的，而翻譯部分又不是譯自同一個人的著作，難免有矛盾的，不一貫的，在我自身也不能滿意的地方，但牠却有一個中心思想，即認爲現代的新聞，具有二種本質，一方面，是「政治鬪爭的武器，」他方面是「以獲得利潤爲目的的企業」。所有的論說和記述，不外闡明和証實這一點。這在各國，本來已經是一般人所公認了的眞理和事實；而在我國，則連有名的新聞記者，新聞事業家乃至自命爲新聞理論家的人們，還都墨守着陳腐的見解，以爲新聞是超乎階級，超乎黨派，只問是非，不計利害之社會的木鐸！這對於從事新聞事業的人們，有志新聞事業的人們乃至社會上的一般人們，實在都是無益有害的。所以本書出版，不一定是沒有必要罷？

其次，我所以要加入新譯的五篇東西，是因爲：「新聞是必要的」這一篇，是關於所謂普羅新聞的基礎理論，指導原理，可以代表新聞理論的一方面，値得我們一讀，而其他四篇，或則敘述近來的日本新聞事業，或則敘述英，美，法，意以及中國的新聞事業，頗足以補本書下編之不足；固然，「英美德法的新聞」一文，太簡單了，但本書不是世界新聞史，對於各國新聞事業，能略示梗概，也就夠了，不需要更詳細的敘述。至於「中國新聞界的新動向」一文的立場和持論，原是我所不敢苟同的，譯牠，——恕我不敬，——不過是採取牠的材料，以備一格罷了！最後，應該聲明的，是：本書所收曾載世界日報新聞學週刊的譯述各文，因當時倉卒譯出，難免錯誤，現在修改，又苦於難覓原文，只能求其文從字順罷了。

如前所述，我是二十年來，始終和新聞事業保持着直接或間接的關係的。但這次離平東渡，也許和新聞事業，竟成「永訣」了！那麼，本書，便做為結束我二十年來新聞界生涯的紀念品罷！

一九三五，六，三〇，櫻都旅次

校後

(一)本書付印後，因種種關係，經數月之久，纔得出版，致新加入的材料，也變成腐舊的東西，這是不能不引為遺憾的。

(二)像在序文中所已提到，本書所收各文，尤其譯述部分，難免錯誤之處，而當本書印刷中，因手民難免疏忽，本人未能精校，致復多錯誤脫漏，尤其標點符號及外國文字母，更多此種毛病，這只好都待再版時修改了。

(三)在本書印刷中，承北平世界日報經理吳範寰先生，贈以新聞學週刊合訂本，俾得加入我所遺失了的各篇譯著，這是我所十分感謝的！

(四)在本書印刷中，國內報紙雜誌，有已譯載「日本的新聞」及小野秀雄所著現代新聞論中之意大利部分者，都非我所翻譯，不敢掠美，特此聲明。

(五)最後，對於代為出版本書之太原語文學會諸君，尤致十二分的謝意！

新聞之理論與現象目次

△校後

上編

新聞的性質和任務……一
政治與報紙……一四
報紙與輿論之構成……一八
△集納利基姆之本質……二二
報紙何以能煽動羣衆？……二三
△關於新聞之自由……三二
論「機關報」……三三

△所謂無產黨的機關報……三六
集納利基姆(Journalism—新聞企業)之機關報化……三七
新聞是必要的……四八
報紙何以不完全用白話？……五五
(附錄一)寫社論何必要求文字的雅馴？……六七
(附錄二)寫在李秉衡先生的來稿後……七二
△中小新聞所恃以繼續生存的二方法……七五
何謂社論？……七六
△今日的(日本報紙的)社論的傾向……八六
報紙評論之起源……八七
(附錄一)關於「井戶端會議」……九〇
(附錄二)「井戶端會議」問題的枝節……九六

△社論也漸變爲解說的了……九九
由消息的眞僞談到天津益世報的失敗……一〇〇
△今日的社論不是個人的意思表示……一〇五
論統制新聞……一〇六
△華北是言論的沙漠!……一一三
怎樣取締新聞?……一一四
彭成訟案與統制新聞……一二一
△應該改變删扣新聞的態度!……一二四
如何取締反動出版物?……一二五

下編

蘇俄新聞政策……一
社會化的蘇俄報紙……一一

△我們的新聞决不唱欺騙之歌……一五
日本新聞事業概觀……一六
日本的新聞……四八
△沒有指導精神的日本報紙……六一
東京的三大新聞……六二
△東京各報之「東京版」戰……六五
日本報紙的文藝欄……六六
資本主義社會衰頹期的一個犧牲者……七〇
△武藤山治對於新聞事業是門外漢……七七
德國國社黨專政下之新聞統制近況……七八
△國社黨的新聞政策（一）……八四
法西斯蒂勢力下之德國新聞的命運……八五

△國社黨的新聞政策(二)……八八
英美德法的新聞……八九
△各國普羅新聞之創刊……一〇四
法西斯蒂統制下的意大利報紙……一〇五
中國新聞界的新動向……一一五

刊誤表（不重要的錯誤省略）

編別	頁數	行數	誤	正
上編	三	七	Marx	Marx
仝	七	一二	新聞紙。	新聞紙，
仝	一四	倒數七	個義	個定義
仝	一八（以後各頁同）	倒數四	模仿	摹倣
仝	二五（以後各頁同）	一二	根抵	根底
仝	三七	倒數八	(Journalis)	(Journalism)

新聞之理論與現象

上編

新聞的性質和任務

北平民國學院新聞學會，將要刊行他的民國新聞第二期，囑我寫一篇關於新聞理論的稿子。忙於所謂筆墨生涯的我，那有較長的時間，來寫較有統系的文章呢？只好把正在整理中的拙着日本新聞發達史之緒論的一節，先拿來發表。這原是不成熟的東西，不過聊以塞責罷了。算不得什麽新聞理論。

著者二二，一一，一三，

無疑地，新聞是社會的一現象，是社會意識的一表現。所以說到新聞的性質和任務，也不外是以社會組織爲基礎，應社會實際的需要而產生的東西。人類社會，是採取着階級對立之形態的，人類歷史，是演着階級鬥爭之進程的。像 Marx 和 Engels 在他們共同起草的 Communist Manifest 中所說：

「一切從來的社會的歷史，是階級鬥爭的歷史。自由民和奴隸，貴族和平民，領主和農奴，基爾特的主人和職工，總括說一句，就是壓迫者和被壓迫者，相互地不絕地對立着，而有時隱然的，有時公然的，繼續實行着，沒有間斷的鬥爭。而這種鬥爭，常是在全社會的革命的改造後終止，或是在相互鬥爭的各階級兩敗俱傷同歸於盡後終止。

「在過去時代的歷史上，我們差不多到處都可以發見，社會，完全地被編列於種種的身分；社會的地位，被分爲多種多樣的差別的階級。在古代羅馬，有貴族，騎士，平民，奴隸；在中世紀，有封建諸候，家臣，基爾特的主人，職工，徒弟，農奴；並且這些階級之差不多任何一個階級之中，還都更有從屬的等級。

「從封建社會的滅亡之中，生出來的近代的布爾喬亞社會，也沒有廢除了階級對立。牠不過是只把新的階級，壓迫之新的各條件以及鬥爭之新的各形態，代替了舊的東西罷了。

「但現代，即布爾喬亞基時代，牠是以單純化了階級對立爲其特徵的。全社會愈加漸漸分裂爲相敵視的二大陣營，相互正面衝突的二大階級，即布爾喬亞基和普羅萊塔利亞。」社會本身既是階級鬥爭之社會，因而成爲社會的一現象之新聞，也不能不是階級鬥爭之一表現，故所謂新聞，不外是階級對立的人類社會中之階級鬥爭的武器。即壓迫階級，用新聞維持他的支配地位，被壓迫階級，用新聞反抗壓迫階級，還有同一階級，在分解過程中有時也用新聞互相攻擊。

固然，階級對立，階級鬥爭，不是在人類中所內在的疇範，而是歷史的疇範。Marx 們所謂：「一切從來的社會的歷史，是階級鬬爭的歷史」，僅指當時「被記載於記錄中的歷史」，即有典籍可稽的歷史。至於有史以前的社會組織，是有所謂原始的共產主義社會存在着的。原始的共產主義社會解體後，社會才開始分裂爲個個的階級，結果，遂分裂爲互相對立和鬬爭的階級了。所謂階級鬥爭的歷史，是開始於這時候的。莫爾干氏在他所著的古代社會中（Morgan: Ancient society），雖然說到：「以性爲基礎的階級組織和以血族爲基礎的原始的氏族組織，在使用哈加米拉伊言語的澳洲土蕃之間，現在還實行着；」並以爲「以性爲基礎的階級組織」，發生於「以血族爲基礎的原始的氏族組織」之前。但他所說的「以性爲基礎的階級組織」之「階級」這一名詞，只不過是普通所謂「等級」，「種類」，「身分」等意義；和「以生產關係爲基礎」的一般所謂「階級」的含義，是漠不相關的。所以莫爾干又說：「被分於男女的階級，是社會制度的單位。但其單位的地位，到氏族充分的發達，則當然是服屬於氏族的」。而氏族組織，在他認爲是「在人類制度之中，最古且最廣地實行了的制度之一。」這種氏族社會，即血統關係的原始的共產主義社會，在那裡，沒有階級存在。

另一方面，在將來的社會，階級的差別，或將消滅；社會或成爲無階級社會，那裡還有所謂階級鬥爭？在 the communist manifest 第二節最末的一段，是這樣說着：

「普羅萊塔利亞特，在對於布爾喬亞基的鬥爭上，必然地至於結成階級，而依憑革命，把自身做爲支配階級，並以支配階級的地位，强力地廢止舊的生產諸關係；這麼一來，則普羅萊塔利亞特，將和廢止這些生產諸關係，同時廢止階級對立之存在諸條件，一般階級，以及階級所以成爲一個階級的階級自身之支配。代替伴隨着階級和階級對立的從來之舊的社會，而出現了一個聯合體。在這個聯合體中，各人之自由的發展，是爲了萬人之自由發展之條件的。」

在這裡所謂「聯合體」，便是「萬人自由」的沒有階級的社會。總之，在原始社會乃至將來的社會，都是沒有階級，沒有階級鬥爭的。不過，新聞的發生，成長和發達，是在階級社會裏；尤其所謂眞正的新聞，即近代乃至現代的新聞，是發生，成長和發達於階級社會之最高階段即資本主義社會裡的：所以不能不說新聞是階級鬥爭之武器。一九一七年十月，俄國革命後，列寧（ enin）曾經發布關於新聞的命令，在這命令的冒頭說：

「臨時革命委員會，必要上，對於反革命新聞，採取了斷然的處置。對於這事情，世間有所謂社會主義者而以暴力蹂躪出版的自由，那樣的反對論調。但勞農政府想就下述事情，促起國民的注意。在我們的社會，隱蔽於自由之名而實際上存在的，只有布爾喬亞基的自由。他們壟斷了全新聞之最大的分配量，能夠毫無妨碍地麻醉民衆的理解，誘起民衆的混亂。布爾喬亞新聞是布爾喬亞基之最有力的武器，這事情是無論誰都知道的。像這樣特別在勞動者及農民的新政府，將要被樹立的重大的瞬間，把這樣的武器，完全委給敵人之手，是不可能的了。爲什麼呢？因爲在這樣的時期，新聞是比較炸彈和機關鎗，還更危險的東西。」

用政治的力量壓迫反動的新聞，在自由主義者，固然是要加以非難的。但「布爾喬亞新聞是布爾喬亞基之最有力的武器」，這種見解，實在是顚撲不破的眞理。同樣，普羅萊特利亞新聞，也是普羅萊特利亞特之最有力的武器。普羅萊塔利亞新聞，也向來沒有像布爾喬亞新聞一樣，戴着假面具，硬要否認牠是階級鬥爭的武器，這一不可抹殺的事實。現在「轉向」到愛國社會主義的佐野學，當他執筆於日本最有力的普羅萊塔利亞新聞即無產者新聞，而站在日本革命運動的前線上時，曾在該新聞的發刊辭中說：

「無產者新聞，持着大的歷史的使命。

第一任務，是打破要使無產大衆永久昏昏沉沉地酣睡的布爾喬亞思想的感化，而確立無產階級自身之活潑的自主的思想於大衆之間。並且必須盡力養成以意識的決心和覺悟，而爲了無產階級的解放，犧牲自身的前衛分子。第二任務，是做爲無產大衆之日常的實際鬥爭之武器而活動。做爲政黨運動，罷工行動，佃農爭議等所有的實際鬥爭之同情者，救護隊，武器而活動，這實爲無產階級新聞之一大使命。

新聞，爲偉大的階級的武器。」

這不是佐野學個人的表示，也不是無產者新聞一個報紙的態度，實在是一切普羅萊塔利亞新聞的共同態度，共同表示。

新聞最能表現牠的性質和任務的時期，是在舊社會和新社會間，正在變革，舊勢力和新勢力間，正在鬥爭，以及新社會代替舊社會而成立，但新勢力還沒有鞏固地確立了牠的支配地位的時候。尤其是當封建社會嬗遞到資本主義社會的前後，以及資本主義社會，還發揮自由主義的精神，而沒有發展到經濟上獨占，政治上獨裁之帝國主義階段的時候。青野季吉說：

「新聞紙。在還被置於前資本主義的關係之下的時代，乃至資本主義的支配，還沒有確立的時代，爲某一社會的集團，廣布牠的主張而和別的社會的集團間鬥爭之武器。某一政黨，經過自己的機關新聞而和敵黨鬥爭，某一利益團體，經過自己的機關新聞而和敵對的利益團體鬥爭，」

所謂政黨，所謂利益團體，不外是階級，階級的分派或階級的前衛。他們的相互鬪爭，仍不外是階級鬪爭。在前資本主義的關係之下的時代，乃至資本主義的支配還沒有確立的時代，新聞，最能表現牠的階級鬪爭之武器的性質和任務。

但隨着資本主義的支配之確立，新聞也在資本主義的支配之下而商品化了。商品化了的新聞和一般的商品一樣，是以在數量方面的多量銷售，爲第一重要的事情的。所以在新聞經營者，常努力於投社會之所好，而以在新聞上露骨地表現出其爲自己的機關之性質爲厲禁；同時，標榜所謂「嚴正中立」，「不黨不偏」及「超階級的」等，以欺騙社會大衆。一見的時候，也許有人會相信新聞不是階級鬪爭的武器。實則，新聞經營者，決沒有忘却利用新聞於階級鬪爭的這件事。他們對於新聞，一方面，固抱有不可不獲得利潤的要求；而一方面，也另具有利用新聞於自己之階級的意識之支配的要求。像川口浩氏所指摘：

「新聞，在資本家，不僅是爲了獲得利潤的工具，實在是強有力的階級支配之機關。新聞，在布爾喬亞甚，也是階級的武器。新聞，不僅是買讀者的歡心，投讀者的興趣，更進而利用讀者之意識形態的迷蒙，公然地或隱然地實行布爾喬亞的煽動和宣傳。

「差不多一切的新聞，在表面上，都標榜着社會的公正，政黨的中立，乃至階級的超越。但在資本關係上，和特定的資本家或特定的資本家團體，直接或間接地結合着；或在何等的意味上，和布爾喬亞政黨相關聯着。因而該新聞必顧有利益於該資本家，資本家團體乃至政黨，這是毫無可疑的事實。某一新聞，是否代表着某一特定資本家的利益，暫且不提；恐怕號稱新聞的，沒有一個不是反映着資本家（地主）的前衛之布爾喬亞政黨的利益的罷？」

再進一步說，縱使商品化新聞的經營者，眞是要除去了新聞之階級對立和階級鬭爭的性質，而把牠改造爲一種文化機關或教化機關，也還不過是利用新聞使布爾喬亞的統治安定之一方法，決不是什麼「超階級的」。原來，在布爾喬亞的統治，已經確立了的現在，階級對立和階級鬭爭之事實和意識的存在，在統治者之布爾喬亞基，實在是非常不利的。所以布爾喬亞新聞，在所謂「超階級的」之名義下，努力於布爾喬亞社會的心理形態之形成而緩和對立的社會意識，消滅被壓迫階級之階級鬭爭，因以保持布爾喬亞之支配。

現在，在全世界上，新聞，差不多都商品化了；不然，便是正在商品化着；再不然，也是將要走向商品化的途徑。但大體上說來，美國的新聞，是極端地商品化了的新聞；英國的新聞，雖然商品化了，却還致力於所謂輿論的指導；日本的大新聞，是採取冶英美新聞於一爐之主義的。所謂指導輿論，就是某一階級或階級的分派，要把新聞當做使自己的社會意識，普及於全社會，而達到社會統治的目的之工具。那麼，英國的新聞，不待說，是階級鬭爭的武器。即美國的新聞，在牠的根底上，也還是存在着階級對立和階級鬭爭的事實。怎麼說呢？因爲新聞的所有者，是資本家；新聞的最有力的支持者之廣告主顧，也是資本家，所以新聞在有意識的或無意識的之間，都不能不成爲布爾喬亞基之階級鬭爭的武器。據愛得華．羅斯氏在他所著的情形漸變之美國中說，有一家報館的職員，每人都備有一個單子，上列十六家公司的名字。那家報館的主人，是對於那十六家公司，有「經濟關係的」，所以特地禁止攻擊牠們或登載任何不利於他們的消息。羅斯氏又提到了罷工的時候，資本家的結合指揮着各報反對罷工工人所發生的影響。這不是美國新聞也是布爾喬亞基的階級鬭爭的武器之最顯著的一例嗎？日本的大新聞，是採取着冶英美新聞於一爐的主義的；英美新聞，既是階級鬭爭的武器，日本新聞又那能例外地不成爲階級鬭爭之武器？例如時事新報和東京日日新聞，固然是保守的，反動的布爾喬亞之有力的武器，是布爾喬亞基之完完全全的「御用新聞」。即所謂自由主義的新聞之東京大阪二朝日新聞，也不外是資本主義社會的擁護者。阿部愼吾曾說：

「比較地被解放於外部的勢力的，即不爲外部勢力所拘束了的朝日新聞，其現在的勢力，能夠站在比較地自由主義的見地，這是不可否定的事實。在大正七八年左右，日本資本主義，最與盛地發展着，同時，纔看到了大衆的反布爾喬亞基的勢力之抬頭。當那時候，朝日新聞的自由主義，憑着長谷川如是閑和大山郁夫們的如椽之筆，開着美麗的花；但同時，也便爲暴風狂雨所摧殘，落花滿地，任人憑吊，長谷川，大山們，都離開了朝日新聞。這固然是因爲當時之反動的恐怖行動，威脅村山龍平，使他不得不犧牲自由主義。但不論有沒有白色恐怖的强迫，比那時候的自由主義更進一步的自由主義，已爲大朝日資本所不許；更因後來的反布爾喬亞基的勢力之擴大而强化，就是那樣程度的自由主義，不久，也不爲大朝日之所容許了。」

要之，新聞這東西，是在階級對立之人類社會中的階級鬬爭之武器。布爾喬亞新聞記者不肯承認這種道理。日本的所謂名記者杉村廣太郎氏謂：

「今日的新聞紙，不單是一個報告消息的機關，而是『比較學校還優的敎育機關；比較議會也不劣的立法機關；像施政敷治的政府；像傳道說法的敎會和寺院；律師所做的事情也做，醫生所担負的工作也担負』，這樣的一個東西！」又太田正孝氏謂：

「成爲新聞之目的的，是促進一般的社會文化。」

這類的話頭，爲全世界布爾喬亞新聞記者所常掛在口邊的。好像新聞眞是社會的公器，文化的推動機。實則依我們在上面所說明的新聞之性質和任務，不外是階級鬬爭的武器。他們的這些讕言，毫不足採。在布爾喬亞新聞記者中，也有時候，會露出馬脚來。例如日人原田棟一郎氏說

「在我國以前支配所謂世道人心的最有力的國民精神，是武士道；同樣，可以支配今後的社會心理的有力的民衆精神，不可不是新聞道」。

無論他把所謂新聞道，恭維得怎樣天花亂墜，要不外是和武士道一樣的支配階級支配社會的武器罷了！中國的報紙，雖然還沒有達到很顯著地發揮其階級鬬爭的武器的性質之程度，但決不能說牠不是階級鬬爭的武器，因而從事新聞事業或準備從事新聞事業的人們，便也不得不抱着鬬爭的精神。

政治與報紙

（一九三四年夏間，在民國學院講演辭，王克非記錄。載北平世界日報）

今天要講的題目，是「政治與報紙」，換一句話說，就是政治和報紙相互的關係。關於這一個問題，第一，我們應該知道「政治是什麼？」如果我們說：「政治是管理衆人的事」，這個義，在形式方面說，沒有什麼不對。譬如說：「吃飯是拿飯來吃，穿衣是拿衣來穿」，在形式的定義上，當然很對。不過爲什麼吃飯穿衣？吃飯穿衣有什麼作用呢？仍是未能很明顯的說出來。同樣，政治的作用在那裏？也不是僅從他的形式的定義裏，所能找得的。從政治的作用上說；政治是站在支配地位的支配階級，對於站在被支配地位的被支配階級的一種統治工具。不論是在任何政治形態下，無產階級專政也好，法西斯蒂獨裁也好，資產階級的民主政治也好，都是這樣的。第二，我們要知道「報紙是什麼？」報紙大概分別起來，可以有兩類：一是站在支配階級的方面，對於被支配階級，營着思想上統治的作用之「御用新聞」；一是站在被支配階級的方面，對於支配階級的思想統治，表示反抗的「反抗新聞」。所謂「思想上的統治」，就是拿一個思想支配了許多人的思想，結果，使許多人的思想都融化在這一個思想之內，而實現了「思想統一」。實行統治思想的方法，可有種種：或用敎育，或用電影，或用戲劇……但最有效的，要首數報紙。因爲敎育等，都限於一定的場所，都以有限的人爲對象；只有報紙在社會上的影響，沒有限制，故在思想統治上，報紙的效力最大。政治是支配者對被支配者統治的工具，而報紙尤其「御用新聞」，也便是這種統治工具的一方面——在思想的統治上——而「反抗新聞」呢？却正是同一統治工具的反作用。如其政治上反抗的勢力，得到成功，則「反抗新聞」一變而爲「御用新聞」了。所以政治和報紙的關係，是非常密切的。有人以爲報紙對於政治，是中立的，超然的，不偏不黨的；其實不然，任何報紙，也脫不了政治作用，也就是任何報紙對於政治不是中立或超然的。

一九一七年，俄國革命後，列寧曾以革命委員會的名義，下令把全國報紙都收歸政府辦理，當時有人反對此種統治言論的辦法，以爲是蹂躪言論自由，實則世界上只要有政治存在，便沒有什麼絕對的言論自由。問題，只是看列寧政府是否革命的？是否是擁護民衆利益的？如認爲是革命的，則其統治言論是可以的；因爲如列寧所說：報紙之於革命，其功用大於機槍大炮，當然不能教反對派拿過去的。如認爲列寧政府不是革命的，則對於牠的整個統治權，都應該推翻，統治言論，自然不成其爲問題了。所以在理論上因爲報紙是統治的工具，站在政府的地位，當然不能不實行統制言論。民衆在認爲政府尙沒有到應該被推翻的時候，自不能要求絕對的言論自由。言論自由不過是政治自由的一部分。

就報紙發達的歷史看來，在牠最初發生的時候，就是統治者之統治的工具，及被統治者之反抗統治的工具。至到資本主義很發達的現在社會，在表面上看，報紙已變爲一種商品，報館成了一種營利主義之企業。但在緊要的時候，仍然要露出它的政治的統治的工具的本性。例如：日本的大阪每日新聞，和大阪朝日新聞兩大報紙，都是很大的企業，好像沒有政治作用。可是對於中日問題，他們同樣的主張侵略中國是對的。又如：關於日本的二大公判案件，——即「共產黨公判」與「五一五事件」的公判——日本報紙所持的態度，便顯然不同，對共產黨則加以攻擊，對五一五事件的犯人，則加以獎勵。所以報紙縱然企業化了，仍不能失掉牠的本性。就世界大勢看來，最近的將來的社會，將爲兩個對立階級鬭爭的社會，報紙在這種社會中，一定會要變回到它最初的情形，即政治鬭爭性，掩蓋了營利性。但這當然不是照原來的樣子折回去，社會上，沒有照原樣重演一遍的舊戲。說到中國的報紙，因爲社會發展的遲緩，直到現在纔漸向企業的路上走，但不能等到報紙完全企業化的時候，社會又醞釀着新的變革，因而報紙也又須走到鬭爭的方面。近來報紙和報紙間的衝突，報紙和政府間的齟齬，都是基因於此點。最後同學們要認清：(一)報紙是政治上的一種統治工具，也即是統治思想的工具。(二)統制言論(即統制報紙)的本身無可反對，問題是統治階級的自身，是否應該反對？以及統制言論的方法，是否妥善？諸同學將來辦報，只有兩條路可走：(一)「御用」。幫助支配階級，統治被支配階級；(二)「反抗」。站在被支配階級方面，反抗支配階級。若說到看報的話，千萬勿以爲報紙是公正的東西，只應該認清那個是「御用」的，那個是「反抗」的。須知根本上沒有中立或超然的報紙。

報紙與輿論之構成

人們都說，報紙是代表輿論的，指導輿論的，乃至構成輿論的。但報紙和輿論的關係，究竟怎麼樣呢？所謂代表輿論，就是說報紙和已經存在的輿論是一致的；所謂指導輿論，就是說報紙要構成和牠相同的輿論；總之，二者，都不外是要把報紙和輿論打成一片的，也就不外是要拿報紙構成輿論，或牠自身爲輿論所影響。報紙和輿論之構成，有交互影響的作用；牠們的關係，就在交互影響這一點。我們試來研究這一問題。

極抽象的講起來，輿論構成的過程，和「流行」之構成的過程，很相似。所謂「流行」，便是一個新的模型，被創造出來後，大衆都來稱贊牠，模仿牠，傳播牠的過程。例如不知誰提倡婦女們重帶起很長的「耳環」，於是宋美齡夫人這樣地裝飾，于鳳至夫人也這樣地裝飾，現在便流行爲一種「太太階級」的風尙了。所謂輿論，也像這樣，不外是關於某一特定的事象，創造了批評或要求的新模型，而大衆都稱贊牠，模仿牠，傳播牠罷了。例如「抗日」這一口號，不知誰嚷出來，現在，便成了一種輿論；寫文章，寫「抗日」；講演，講「抗日」；談天也談「抗日」，遂至本來想對日妥協的當局，也懾於輿論，不敢放手做去。因此我們可以說，無論是關於流行的構成，或關於輿論的構成，都有二個不可缺的，必要因素。即：一方面，須有新模型的創造，他方面，須有大衆對於新模型的稱贊，模仿和傳播。

因爲有二個因素，所以有些人便拿着一個因素，做爲唯一的主要的原動力，而把另一因素完全拋棄了。例如有人把新模型的創造者，看做輿論構成之唯一的主要的動力。報紙是創造關於批評或要求的新模型者之一，所以輿論是依靠報紙而產生的，即是報紙創造輿論。實則報紙自身不能不爲社會關係所制約，即報紙所提出的批評或要求，不是憑空造出的，而是以當時的社會關係爲基礎的。並且新模型創造後，非經大衆贊成，模仿和傳播，不能成立，不能存在。報紙無論有怎樣的新奇主張，離開大衆是不能成功爲輿論的。從這些點看來，只把新模型的創造者，看做輿論構成之唯一的主要的原動力，實在是一偏之見。另一方面，有的人，把輿論構成的原動力，認爲完全是社會關係本身，新模型的創造者之報紙，不過爲大衆所擺弄的傀儡，對於輿論的構成，沒有多大的作用。這也是一偏之見，因爲把創造者的個性，太忽視了；把大衆的力量，太重視了。依辨證法的方式講起來，前一見解，爲「肯定」，這一見解爲對於肯定之「否定」，最後的眞理，乃爲「否定」之「否定」，即二者之綜合。原來個人與社會，是交互影響，交互作用着的。社會固然決定人類的意識，人類的意識也能給社會以影響。在輿論的構成上，也是同樣的道理。創造批評或要求的新模型之報紙，和贊成，模仿並傳播這種批評之要求的大衆，相互依存，不可缺一。大衆好像是田地，報紙好像是耕農，與論好像是耕農在田地裏所種植所收獲的穀物。沒有田地固然不會有穀物，沒有耕農，穀物也不能很容易地長成。

然而報紙和大衆，在輿論構成上的關係，不是無規律，無統制地，隨便營着交互作用的。牠們是受着社會的階級關係所制約，所規定的。即在報紙和大衆之交互作用上，不是表現着不統一的，二元的對立着的形態，而是表現着在社會的階級關係下，統一着的形態。亦即所謂階級關係，以報紙爲媒介，而參加了牠們的構成輿論之交互作用。例如任何報紙的背後，都站着支配牠的某一階級。雖然有人說報紙是要創造超階級的批評或要求之模型的。但這不過限於和階級利害，沒有衝突的時候，如果牽涉到階級利害，報紙便不能不爲牠所屬的階級打算。而且經營報紙的人們，本身不能跳出階級關係之外，那麼，牠所經營的報紙，自亦不能不在有意無意之中，顯示着階級的色彩。另一方面，階級關係，又以大衆爲媒介而參加了牠們的構成輿論之交互作用。例如報紙是要銷售給大衆的。因而報紙創造一種批評或要求之新的模型，不能不顧及大衆的要求，即不能不迎合大衆的心理，並不是可以完全自由的。在這一點上，大衆參加了輿論構成的工作，也就是階級關係參加了大衆和報紙之交互作用，因爲所謂大衆，是具有階級性的，是站在階級關係之下的。

在輿論的構成上，既有階級關係參加，那麼，不管是好是歹，輿論，是不能不具有階級性的。而在資本主義社會裏，社會形成兩大對立的階級，因而輿論，已變成兩大階級的輿論了。從而報紙在輿論的構成上的功用，也就是創造構成階級的輿論之新的模型。不過在中國，因社會階級的對立，還不十分顯着。所以報紙所造成的輿論，也還沒有很明顯地表現出階

級的性質。（載二十二年十二月二十一日北平世界日報新聞學週刊第二期）

集納利基姆之本質

長谷川如是閑

是故，在發展的社會，對立的事實和意識，成爲互相周知，而且互相批判，以及互相協力，而形成全體之推進力的。從而集納利基姆，便是如實地表現這種對立現象的組織的方法。

只要對立的事實，是社會的動體，則表現這種對立的事實之眞實的狀態一事，便是集納利基姆之本質。

——摘譯自日本評論第十卷第十二號——

報紙何以能煽動羣衆？

（一）

報紙，具有煽動的機能，能夠煽動羣衆去實行一種行動。所以在任何一種革命時代，報紙常是站在鬬爭的前綫的。列寧曾說：

「政治的新聞，在我們，實爲必要。現在歐洲所謂政治運動如不具有機關報，便無意義了。所以我們如沒有政治的機關報，便不能完成我們的任務。」

這話是對的，報紙，在革命工作中，具有偉大的力量，發揮偉大的效用。當然，列寧的意思，是着重在「組織羣衆」一點上，然而煽動羣衆，也是政治的報紙之必要的任務；重要的機能。

然而報紙自報紙，羣衆自羣衆，報紙怎樣能煽動羣衆呢？這是因爲報紙的作用，可以影響到羣衆心理的原故。這種影響到羣衆心理的報紙的作用，叙述，不如評論有力量，所以報紙的煽動作用，不在叙述而在評論。當然，所謂評論，不一定是長篇大著的論文，記事的標題和叙述事實時，所用的帶有批評意義之語句，也可以說是評論的一類。

本來，像報紙這種印刷出來的東西，在刺戟羣衆心理，是比較地不甚適宜的。因爲羣衆心理，完全是近於本能的反射運動之興奮；而且是基於特殊感覺之刺戟——尤其是視覺和聽覺等的刺戟——所起的差不多無意識的反應。而印刷物固然也能夠經過讀者的想像力，發生像聽到聲音一樣的效果。但是無論如何，還得先訴諸視覺。即牠是間接的刺戟，不是直接的刺戟。依從一定的條件，而具有意義，內容的語言，變爲無聲無臭的文字而表現着，因此，完全失掉了伴着語言的感覺的各種刺戟；假如讀者不用自己的想像力，重新把牠改造成聲音，則由印刷物所生的刺戟，只不過是那樣單純的內容，意義之理解罷了。換言之，印刷物的效果，是「理性的」，決不能是「羣衆心理的」。訴諸理性的手段，是訴諸最高級的人類心理的，決不是訴諸羣衆心理之煽動那樣本能的興奮的。所以報紙，在做爲煽動羣衆心理的媒介，是不甚適當的。

但是報紙，直接去刺戟羣衆行動，雖不可能，而能給與一般社會，以一受某種直接刺戟，則馬上發生反射行動的心理的條件。成爲人類社會中的一現象之羣衆的行動，決不像在別的動物羣中所看到的那樣的本能行動，而是必須以下述共通心理爲根抵而出發的特殊的本能行動。這種共通心理，是以特殊的社會環境爲條件而成立的。即人類的羣衆行動，必以統一於一定的社會心理，即或種社會羣之性質之心的傾向爲條件，才能夠發生的。人類的羣衆組織，必具有一定的生活傾向，從而具有一定的生活意識。換言之，即在人類的羣衆組織，在組的構成上，必具有意識的或無意識的目的。而且縱在羣的行動突然發生時，其行動也必與其羣的目的一致。故人類社會的羣衆心理的特徵，是以社會的動機，爲其反射行動的基礎。其行動自體，乍看去，好像是本能的，反射的；但實在說來，發生這種單純行動的動因，是依據極複雜的社會動機的，而其行動，縱然是初步的，單純的，但其動機實是社會的，複雜的。這是因爲在人類的場合，雖然發生了像動物那樣的反射行動時，也是以由於複雜的生活經驗，而蓄積了的心理內容爲根抵的。例如：由恐怖的心理狀態發生了行動的場合，若在動物，則其恐怖動機，完全限於視覺和聽覺等目前的刺戟；除却目前的感覺刺戟，再沒有什麽。但在人類就與此不同了。他的恐怖，除了目前的感覺的刺戟外，還有以複雜的生活經驗的蓄積爲根抵的心理狀態。又如忽然聽到一種巨大的聲響，無論在人或動物，都發生同樣的一時的恐怖心。但人類是否因此而立刻發生社會的騷動？還是一個問題。所以在社會生活上的人類的恐怖，不是單純的感覺的恐怖，而是基於社會的生活經驗，寧可說是想像的恐怖。那麽，縱然像基於恐怖心那樣單鈍的心理而起的反射行動，在人類也還是根據極複雜的經驗，而成爲社會心理上很複雜的現象的。不過僅有這種複雜的心理，决不能發現羣衆心理的現象。在具有一定心理的根抵的人類羣衆，也還須受到和動物的場合同樣之某種目前的感覺的刺戟，才能發生行動。羣衆運動，也不是單在某社會羣被處於不得不發生本能的行動之狀態下，便會發生的；必須聽到煽動的演說，或因地震或失火等事，受到衝擊；總之，是受直接的刺戟，才會爆發的。

一般印刷物如此，報紙也是如此。牠决不是發生羣衆行動之直接的刺戟。因爲一切印刷物都不是以感覺的刺戟爲主；讀過牠，不能馬上給我們一種像受了感覺的刺戟那樣的心理效果。所以 決不是羣衆行動的直接的刺戟，而是給與我們以一受某一種刺戟，便會發生羣衆行動的潛勢力的。在這一點上，他和羣衆心理，密切地結合着。

（二）

報紙，不是直接煽動羣衆的，而是間接煽動羣衆的，並且，要煽動羣衆，也正需要這種間接的作用，在上面，我們已經談到了。但報紙怎樣來間接的煽動羣衆？即牠的那種煽動羣衆的間接作用，是什麼？這是因爲報紙是社會的感覺機關，社會上，一般人所具有的社會的感覺，是由報紙給與了有力的決定的。所謂社會的感覺，就是對於現社會的生活條件的感覺。這個感覺，仍和一般感覺一樣，只具有「快」與「不快」之單純的兩極。對於現社會的生活條件，感到積極呢？還是消極呢？換言之，即感到滿足呢？還是不滿足呢？都是由這種社會的感覺決定的。報紙以牠自己所具有的二種機能，成功了構成這種感覺的機關。那二種機能便是：（一）給與認識客觀狀態的知覺之機能；（二）決定對於這種知覺之感性的傾向。

使正確地認識社會的客觀狀態之眞象，是使其自覺社會的價值之最有力的方法。知覺，含着依據生活經驗的判斷；沒有經驗的幼童，即沒有知覺，這是很明顯的事。報紙便是不論在橫的方面，或縱的方面，都是使社會的知覺範圍擴大起來的，從而，也是使一般人批判自己的生活之社會的價值的。

並且報紙，也能特別成爲表現社會的知覺深刻，社會的感覺銳敏之所謂少數先覺者的意識之機關；所以對於知覺的刺戟，具有對於一般鈍覺人，啓發其知覺的效果之力量。社會感覺，是生存在社會裏的人們之一般的感覺狀態，而像在一切的感覺那樣，自然難免有敏感者和鈍感者的差別。但依靠言語和文字等機關，而敏感者的心的狀態，和鈍感者的心的狀態，恰如液體的運動那樣，具有能夠平均的傾向。而報紙，正是最有效地，動作於這種平均作用的機關。人類之心的進化過程，在有報紙的社會和沒有報紙的社會，有很大的差別，這是誰都不能否認的。報紙是使知覺狀態統一，而引導想像，理解和判斷的作用，達到共通狀態，使感情和理智，也成爲社會的共通的。可以說惟有在有所謂報紙的這種機關存在的社會，這種事情，才能存在。固然，當沒有報紙的時代，並且連印刷物都沒有的時代，也未必全然沒有使社會的意識狀態，成爲共通的東西之機關，但那時候的機關，是依靠集會，宣傳和公布等方法的，—是只在部分的社會集團中而有效的方法—所以不能發生像現在這樣，使具有全世界共通的社會意識之效果。所以能夠發生這種效果，還全是報紙的力量。就這一點看來，報紙是具有造成可被煽動的羣衆心理之一基礎的，也就是具有煽動羣衆之間接的力量。

這種間接的煽動的力量，不能不依靠一些所謂「新聞技巧」。這種「新聞技巧」，不一定是報紙的本質，但現在成爲報紙不可缺少的機能。沒有這種技巧，也許不能煽動羣衆。恰如人類的衣服，不僅是能禦寒，就算夠了，還須講求到種種的顏色和式樣。同樣，報紙也不僅是單純的敘述和評論，還須注意到所以敘述和評論的技巧。文明社會的衣服，不能漠視顏色和式樣，同樣地文明社會的報紙，也不能排除技巧。有許多學者和藝術家，常把「新聞技巧」和無意義的低級趣味的東西，混爲一談；而認爲「新聞技巧」是有弊無利的方法，公然主張不僅應從報紙上除去「新聞技巧」，並且根本從社會裏，除去「新聞技巧」。這實在是矯枉過正的說法。像現在那種無意義的低級的「新聞技巧」，固然要不得；但「新聞技巧」本身，不是完全要不得的。言論的抑揚頓挫，對於科學家的報告，固然也許沒有多大用處；可是社會的談話，像科學報告那樣的平板乏味，不倒腔調，恐怕就是科學家聽了，也不會感到愉快罷。在別一方面說，「新聞技巧」就是社會現象的談話法。報紙需要這樣的談話法，也正如在衣服上，少不了顏色和樣式一樣。學者和藝術家們的主張，好像說，女人只要能生孩子，就夠了，用不着怎樣美麗；所以在社會裏，應當排除美麗的女人。却不知能夠動人的，還正是這些女人。雖然有些時候，爲了美人會弄出誤人傾國的事來；爲了「新聞技巧」也常常把社會的感覺弄出毛病，社會的意識弄出錯誤來；但因此就要排除美人與「新聞技巧」於社會之外，那也只是癡人的妄想了。

其次，報紙這種機關，在使一般地知覺客觀狀態時，必須經過新聞記者這樣的特殊人材；新聞資料之採訪和表現，又少不得一一通過這些人們的心境。報紙成立的過程，是經過極複雜的心理的曲折的。這個過程，雖然還沒有科學的充分說明，但在新聞材料和報紙之間，主觀這東西之存在，却是毫無疑義的。我們如抽象的來看，這個過程，也恰像心理學家所謂之感覺機關和運動機關之中間的過程似的。感覺機關和運動機關之間，完全缺少中間過程，便成爲反射運動，但報紙決沒有像這種反射運動一樣，缺少了中間過程。依常識而論，報紙可以絲毫不錯地反映社會，可是實際上，就不是這樣的了。如用以上所舉的比喻來說：則是社會現象，刺戟感覺機關，而在中樞神經，爲一定的心理狀態所統制，構成特殊的意識形態，然後表現於報紙這樣的機關的。社會現象對於報紙，是成爲意識的對象的，報紙是爲牠所刺戟了的意識形態之表現。在牠們中間，存在着怎樣的過程？由於新聞記者的社會生活經驗而各不相同，這是由於他們的社會地位而決定的，從而，因其經驗的性質和社會的地位的差異，則同一的對象，可以構成完全不同的意識形態，所以各種不相同的報紙，便從此發生了。而這種不同的報紙，既各有不同的主觀存在，經過其不同的主觀之選擇，然後表現出來，不論表現的技巧如何，事實本身，便多少有可以感動一部分人的力量。固然人類決沒有完全孤立而和別人沒有一些共通的。一個新聞記者的選擇，必能感動一部分和他感覺相近的人們。這是就敘述事實而言，至於發表主張，更不待說了。

總之，報紙之所以能煽動羣衆，是因牠有間接影響羣衆心理的作用。

（附言：本文大部分取材於日人長谷川萬次郎氏所著「成爲社會意識之表現形態的新聞」一文，作譯文觀，可也）（連載二十三年五月三日及十日北平世界日報新聞學週刊第二十期及二十一期）

關於新聞之自由

列寧

資本家（怯懦的階級的愚蠢之多數社會革命黨及孟塞維克，也和他們是一邱之貉，）把新聞之自由，規定爲對於檢閱官之壓迫及各政黨之支配而能夠自由地發行新聞的力量。

實在，那決不是新聞之自由，而不過是欺騙人民中之被壓迫，被榨取着的大衆之富有階級及布爾喬亞基的自由罷了。

在布爾喬亞社會裏的所謂新聞之自由，是對於富有階級，給與組織地，不絕地，每日售賣數百萬的邪惡的力量的；是對於他們，給與欺騙貧窮，被壓迫，被榨取着的大衆的力量的。

——摘譯自列寧全集——

論「機關報」

一提到「機關報」，大家便會聯想到：「卑鄙」，「下賤」，「沒有價值」，這些不好的觀念。好像「機關報」，根本便是「壞東西」，辦「機關報」的人，根本便是「壞人」。其實，報紙，原爲政治鬬爭即階級鬬爭的武器，嚴格講起來，沒有一個報紙，不是「機關報」。例如現在資本主義國家之商品化的報紙，營利的性質，較政治鬬爭的武器之性質爲顯著，好像不是什麼「機關報」，實則，還不外是資產階級的「機關報」？在政治鬬爭激烈的時候，報紙，是公然掛起「機關報」之旗幟的，而且愈是「機關報」愈有價值。記得日本明治維新後，最初出現的四大報紙之一，「日新眞事誌」，曾經在報頭上，特別標出「左院御用」，這麼樣的「御用新聞」的招牌，好像我國現在的黨報一樣，公開地自己承認是國民黨的「機關報」。不過在一般資本主義社會裏，政治鬬爭不甚激烈時，報紙走向商品化之途，常裝着「中立」，「公正」，「不黨不偏」的態度，不願自己承認爲「機關報」。然而公然承認爲「機關報」的，也還不是沒有，例如各國政黨的「機關報」。所以我們在原則上，不必反對「機關報」。其實，我想，也沒有絕對反對眞正的「機關報」的。「機關報」之所以爲人鄙視，實在，不是因爲牠是「機關報」，而是因爲他所代表的那種背後的勢力，是一般人所反對的勢力。例如民國初年，袁世凱的「機關報」，固爲一般人所鄙視，而民黨的「機關報」，則反爲一般人所贊許。其次，「機關報」本身的內容，太不完善；辦「機關報」的人，本身不得人望，也是使「機關報」失掉價値的一個原因，而且可以說是主要原因。例如每月跑到某一個軍閥，官僚，優伶，妓女的面前，脅肩諂笑，搖尾乞憐，領到三千，五千，三百，五百乃至三十，五十的津貼，來替他們辦一個「機關報」，除去登幾條向壁虛構的諛墓式的消息，寫幾篇似通不通的歌功頌德的文章外，再沒有什麼內容，這樣的人和這樣的報，當然要爲人所鄙視了。所以如有人想替某種勢力乃至某一個人辦「機關報」，便須先明白這一勢力或個人是不是進步的？因爲「機關報」的性質，是做爲政治鬬爭的武器的，不是專爲歌功頌德的，如果替非進步的勢力或個人辦「機關報」，不惜在「洪憲皇帝」，或什麼皇帝前，自稱「臣記者」，當然不能避免社會的鄙視。不過究竟什麼是進步的？什麼是非進步的？這件事，見仁見智，各有不同。譬如領了袁世凱的津貼，鼓吹帝制的薛大可，他也許認爲「個人獨裁」的制度，比較「民主共和」，更是進步的。這一問題，不是三言兩語，所能說盡，這裏無暇討論，暫且擱起不提。現在我們所要說的，只是「機關報」應該怎麼辦。大凡辦「機關報」，不外採取下述兩種形式之一：第一，是公然承認自己是「機關報」；第二，是假裝不是「機關報」。在第二種，固然，應該避免無恥地，肉麻地，歌頌你的那位「主人」，使一般人一望而知其爲「機關報」，失掉了你的麻醉作用。即在第一種，也只應該在政治主張上，替你所代表的那種勢力或那個個人，堂堂正正，張開論陣，以和反對的主張，去鬬爭；不應該拋開政治主張，「拍馬吹牛」。如果祇是「拍馬吹牛」，對於社會，決不會發生什麼影響，不過糟蹋他的「主人」之金錢，浪費印刷工人的勞力，替外國人或者正是我們的壓迫者「日本資產階級」，多銷幾「令」報紙罷了。辦「機關報」不是容易的事，尤其在「機關報」上，寫文章，更不是容易的事。因爲一般人知道你是「機關報」，本來，對你已不十分信任，所以你說話，必須理由十分充足，使人家無可反駁，纔能發生效力。如僅知道「桀犬」應該「吠堯」，不問有無理由，日夜狂吠不休，則被吠者不過付之一笑，而這個所謂「機關報」者，其自身的價值，將日益低落了！

總之，「機關報」的本身，不一定是應該鄙視的；「機關報」而辦得不像一個報，那才值得鄙視呢！（載二十三年六月十四日北平世界日報新聞學週刊第二十六期）

所謂無產黨的機關報

我們的機關報，不是應該用以滿足無意義的趣味，及供各種讀者去消閒的；它也不是應該爲了要使成爲社交的工具而被用於小布爾喬亞的文學批判及集納利基姆的美術批判等的。

我們的新聞，常是對於其所有的敵人，而爲黨員們所防衛的。對於資本主義的新聞，黨員們必須實行斷然的鬬爭，明白地曝露它的販賣政策，欺騙，可鄙的抹殺及諸種的競爭等，而給它蓋上一個明確的烙印。

——譯自 comintern 第三次大會關於黨機關報的決議案——

集納利基姆（Journalism—新聞企業—）之機關報化

日人鐵猪生原著

——原文載日文雜誌讀書一九三四年四月號——

（一）

一般集納利基姆（Journalism）論之最大的錯誤，在把集納利基姆，一般地規定爲「新聞雜誌界」或「新聞雜誌界之傾向」，而不能把牠理解爲被歷史的地限定了的社會的現象。誠然，我們常常談到布爾喬亞集納利基姆呀，普羅萊塔利亞集納利基姆呀，那樣的語句，又常把新聞雜誌的編輯者，或記者，統統叫做集納利司特（Journalist）。但像這樣抽象的地，一般的地理解集納利基姆，則決不能闡明集納利基姆的本質和牠的歷史的傾向。集納利基姆，第一是被歷史的地限定了的社會現象。牠是商品生產的，特別是資本主義的現象。若拿一句話做爲集納利基姆的定義，那恐怕把牠認爲意識形態之商品生產即文化之商品生產，是最正確的見解吧？以意識形態即文化爲商品而生產，這一事實，便是集納利基姆之本質。因而集納利基姆是和商品生產方式同其命運的；在純粹的封建社會，未曾存在，在商品生產方式之後，也不存在。所以在嚴密的意義上講起來，所謂蘇俄集納利基姆呀，普羅萊塔利亞集納利基姆呀，這種說法決不是正確的見解。集納利基姆，無論在什麼場合，都是布爾喬亞的，所謂不是布爾喬亞的集納利基姆那種東西，是不存在的。

人們通常所謂封建的集納利基姆呀，布爾喬亞的集納利基姆呀，普羅萊塔利亞的集納利基姆呀，實際上，是指集納利基姆生產的商品之封建性，布爾喬亞性或普羅萊塔利亞性的，決不是指集納利基姆本身，爲封建的象現，布爾喬亞的現象，或普羅萊塔利亞的現象。生產封建的，布爾喬亞的，或普羅萊塔利亞的文化即意識形態之集納利基姆本體，常常是商品生產者，在日本，則大抵的場合，都是中小資本家。總之，集納利基姆是屬於商品的生產方式，特別是資本主義的生產方式之一社會現象。不能依據集納利基姆生產的商品之性質，區別集納利基姆本身爲封建的，布爾喬亞的，正和不能把製造封建的農具之近代的機械工廠，叫做封建的，把製造在蘇俄共營農場所使用的牽引耕地機(tractor)之美國大工廠，叫做普羅萊塔利亞的，是同樣的事情。

商品自然爲平等的。做爲商品生產之規準的，是價値而不是使用價値。在商品關係之前，各個商品之具體的質的差別，消滅；而成爲在質的方面相互平等，只能在量的方面，比較的東西。把貴族所戴的高貴的絲帽(silk hat)也當做商品而觀，則牠或是窮人們所戴着的破帽子之幾百倍，而在兩者之間，沒有質的差別。因爲商品生產，只是以價値爲目標而實行的，所以願意生產什麼商品，那完全是生產者的自由。

商品生產而更發展爲資本主義的生產，則成爲生產之唯一的目的之利潤，便立刻實現出來了。只要利潤多，只要結局能賺錢，則無論什麼東西，都是生產的。連在封建時代，曾經把身分的差別，當做那樣極嚴重的事情，甚至蔑視某種職業自身之諸侯的子孫，現在呢？也很泰然地充任製靴公司或製革公司的董事了！

集納利茱姆只要也是商品生產，也是以利潤爲唯一目的之資本主義的企業，便也不能立於這一原則之外。而不論是封建的文化，布爾喬亞的文化，頹廢的色情狂，或普羅萊塔利亞的意識形態，集納利基姆，是要把他們一齊商品化了的。

（二）

集納利基姆普通被認爲是自由主義的，進步的。但集納利基姆所要求的自由，實不過是商品生產的自由。人們往往有因從所謂高級的新聞雜誌，看到進步的東西，遂把這些新聞雜誌之自由主義，認爲比較別的新聞雜誌，多少爲高級的東西之癖。但這些新聞雜誌之自由主義，實和所謂第二三流之「惡德新聞」或「淫穢雜誌」，要求其生產流通之自由，是沒有什麼大差別的。結局，不過是要使利潤之追求與實現，成爲容易，成爲多量的一種表現罷了。集納利基姆在牠沒有自己脫却資本主義的軀殼而自己否定其爲集納利基姆的限度內，是不能夠跳出其自由主義所被給與了的嚴然的限界之外的。

集納利司特，像其他一切商品生產者那樣地，選擇自己生產的商品，而要求着使之自由生產和流通的自由。那正和島德藏氏或三井物產公司，曾賣給中國硝鹽和鐵絲網同樣，有時，連對於自己所屬的社會的地位，給與危險的影響之東西，也泰然生產，販賣而不知顧忌。

因爲他們的直接目的，只在利潤之追求。集納利基姆縱然有歡迎左翼的論文或創作的事情，但那不是因爲他們贊成着這種思想傾向，而是爲了銷路！爲什麽呢？因爲集納利基姆眞有誠意和熱情，擁護這種思想傾向的事情，不外是成爲布爾喬亞企業的集納利基姆之自殺行爲。

集納利基姆在牠的本質上，是大衆追隨主義的。集納利司特往往，被稱爲「無冠之帝王」，「社會之木鐸」。但集納利基姆對於消費者大衆之向左去的行動，沒有命令他們「向右轉」的力量。集納利基姆之指導的任務，只不過對於消費者大衆既已潛勢的地具有着的東西，給與適當的表現罷了。因而集納利基姆之「社會的木鐸」之任務，不過和對於婦女服裝的流行，給與一定的方向之巴黎的洋服商人之指導任務，是同樣的東西罷了。任何商人，都不能不把消費者擱在他的心目中。集納利基姆也只要他是集納利基姆的話，便不能不把消費者即讀者亦即集納利基姆的顧主之所好，放在心目中。而這些顧主們的所好，常爲他們的政治的社會的地位所決定。在集納利基姆只能夠像一個敏感的商人，巧妙地抓着這些顧主之所好，而給他以一定的表現與方向。

（三）

集納利基姆，因爲是商品生產，尤其是資本主義的生產，所以在他自身，具着布爾喬亞的政治傾向。結局，他對於封建的拘束，主張商品之自由，及流通之自由；同時，在另一方面，他想要把資本主義的生產方式給永久化了。

在所謂集納利基姆所生產的商品，是意識形態，是文化這一點上，集納利基姆和其他生產者，有所不同。就其他商品而言，則縱然在日本，也被給與了生產和流通之廣泛的自由。除却武器，彈藥，及有害於風教的那些極少數的東西以外，商品之生產及流通，是相當自由的。日本是後進資本主義國，爲了追及先進資本主義國，一方面不能不保持基礎的生產關係之封建性，而他方面又不得不强力地厲行商品的生產及流通之形式的自由。所謂「職業沒有貴賤」那句話，成了牠的一個口號。

但雖然同樣是資本主義商品，而在集納利基姆，則這種事情，是完全不同的。對於集納利基姆，給與布爾喬亞的自由，不外是對於被生產關係附與了條件的種種政治活動，給與了自由的一個展開舞台。於是發生了兩極端的現象，即殘存於一致的最基礎的生產關係之封建性，阻止最上層的文化即意識形態之商品化。日本的集納利基姆，在所有資本主義的企業之中，是處於最强的封建的束縛之下的。

不待說，資本主義從自由競爭的階段，走入獨占資本主義的階段，同時，變成不要求自由而要求支配，不要求放任，而要求統治的樣子，商品之生產及流通的自由，也爲生產及流通的統制，取而代之了。伴隨着這事情，政治的支配，也被强力化了。在日本的現階段上之政治的支配之强力化，是從這個獨占資本的本質，生出來的支配統制之要求，在進步勢力抬頭之前，和封建勢力之强化，結合着了的。

就日本集納利基姆的主體而言，則獨占資本的力量，未必十分大。在日本集納利基姆的主體，支配的力量，還是小布爾喬亞。因而在日本，從集納利基姆的內部不發生所謂統制和支配集納利基姆的方向之要求。在集納利基姆上的支配和統制，寧是從外部被加上的。在日本的集納利基姆之間，還相當殘留着自由主義的色彩，便是這種原因。

但集納利基姆，所以生產被抑制了牠的生產和流通的那種商品，不外是適應消費者大衆的要求，即因爲有需要這種商品的消費者大衆存在着，所以集納利基姆生產這樣的商品。若這樣的消費者大衆不存在，則集納利基姆，恐怕不會因爲受到從外面來的支配和統制而感覺到何等痛苦吧！所以說到在日本的集納利基姆，相當殘留着自由主義的色彩，則不外是因爲在廣泛的勤勞大衆之間，進步的要求很强。結局，集納利基姆自身本來是自由主義的，但這種自由主義，在他自身不是强大的力量；不外是反映在集納利基姆的顧主之間的進步的要求罷了。

（四）

像這樣來觀察集納利基姆，則很明顯地，集納利基姆在本質上，僅不過完成消極的任務。進步的思想和科學的擔當者，只是進步的社會層和其政黨，而決不是集納利基姆。集納利基姆所以呈現着進步的那樣的外觀，只是在這種進步的社會層或其政黨之强有力的時候。不僅這樣，集納利基姆，在他是資本主義的企業那一點上，具有不可超越的界限。

對於集納利基姆的支配統制，由於使集納利基姆腐敗墮落，而演了極大的政治的任務。集納利基姆，因爲原來是爲了追求利潤而存在的，所以不能不生產何等商品。雖然集納利基姆被禁止了向前進，然而也不能單純向後退。在集納利基姆的顧主，要向前進時，而集納利基姆自身單純向後退，這成爲資本主義的企業之集納利基姆之自殺。不能賣的東西，縱然製造，但沒有辦法銷售。於是頹廢的情慾主義，無意義的記述，以及獵奇主義等，便橫行起來了。在最近的集納利基姆之腐敗墮落，實在是從外部被加給了集納利基姆的支配和統制之必然的結果。這和被驅逐於獨佔資本之圈外了的小布爾喬亞相率跑到詐騙的買賣，是同樣的現象。

這種集納利基姆的腐敗墮落，其自身，具着大的政治意義。因爲那不僅是集納利基姆自身之腐敗墮落，而是同時使集納利基姆的顧主，腐敗墮落的。那縱然沒有使這些顧主改向後退的效果，但至少，有能夠使他們喪失望前途而適進的熱意和勇氣的效果。而特別是這種效果，乃現在最爲一般所要求的東西之一。

（五）

在和集納利基姆似是而非的東西中，有政治的機關報。政治的機關報，也採取着報紙或雜誌的形態，但他決不是集納利基姆那樣的資本主義的企業；他是一定的政治的傾向之指導者，組織者。

集納利基姆，無論在怎樣的場合，也常是布爾喬亞的，不能夠是封建的，普羅萊塔利亞的；在機關報，則有封建的，有布爾喬亞的，也有普羅萊塔利亞的。集納利基姆，在本質上，是把任何政治的傾向之意識形態即文化也商品化了的；但機關報，則常具有很濃厚的政治性即黨派性。

一定的思想，最尖銳地被表現的，乃在機關報。集納利基姆是容易被支配被統制的；但機關報本來是不許從外部加以支配和統制的，對於機關報的外部的支配和統制，實不外那種機關報所代表的一定之政治的傾向之克服與否定。

若把日本的集納利基姆之現階段，拿一句話來說明他的特徵，則可以叫做集納利基姆之機關報化。在集納利基姆之中，也有墮落於情慾主義，或無意義的記述之領域而僅僅守着資本主義的企業形態的；但其壓倒的大多數，都很顯著地正在政府之機關報化着，而極少數的，則正在加強着成爲進步的勢力之機關報的色彩。結局，集納利基姆，是正在沒落着的。

所謂集納利基姆之機關報化即集納利基姆之沒落的現象，不過是政治的軋轢，顯著地激化了的事情之一表現。曾在集納利基姆之上，當做商品而競爭的種種思想，現在是依於具有一定的政治傾向的機關報而鬬爭着的。集納利基姆之機關報化，是思想明瞭地呈露其黨派性的事情之一表現，

集納利基姆沒落，那是社會的事實。在蘇聯，則集納利基姆已完全沒落而變成普羅萊塔利亞的機關報了。在德國，則集納利基姆，由於極大的亂暴的壓迫，變爲法西斯黨的工具了。日本的集納利基姆也可以認爲是不能立於這種世界的傾向之圈外，而正走向自己的沒落之途的。（連載二十三年四月，十二日及十九日，北平世界日報新聞學週刊第十八，十九期）。

新聞是必要的

——應該從什麼開始呢的後半篇之全譯——

Lenin 原著

依我們的見解，則成爲活動的出發點；成爲創設我們所希望的組織之實踐的第一步；最後，成爲基本的線索的即我們若堅定地依賴着牠，便能夠使這種組織確實地發展，深化，擴大的基本索線的，必須是全俄國的政治新聞之刊行。在我們，新聞，比較什麼都是必要的。沒有新聞，則原則上一貫了的全面的宣傳煽動之系統的遂行，殊不可能。這種宣傳煽動，一般地說來，本是社會民主主義者之經常的主要任務，特殊地說來，當在最廣泛的人民層之間對於社會主義之政策及其經濟問題，滿漲着大的興味的現在之時機，尤爲其本質的任務。而想拿一般化了的正常的煽動——遂行這種正常的煽動，只有借助於定期出版物始有可能，——補足那依靠個人的活動及地方的傳單與小冊子等所做的分散着的煽動這種要求，從沒有像今日這樣被強烈地感覺着的。我們可以說新聞之發行（並其分送）的次數與準確等之程度，是計量我們像怎樣強固地組織着我們的這種戰鬬的活動之最初步的，最本質的部門呢之最正確的計量器。這樣說，不算是誇張罷！在我們，全俄國的新聞尤其正是必要的。若我們不能以印刷出來的言語，統一我們對於國民和政府的活動，又在不能統一這些活動的時間內，而想要統一別的比較複雜的，比較困難的，反之，比較決定的活動之方法等，這種見解，只不過是空想罷了。我們的運動，無論在思想的方面，無論在實踐的組織的方面，備嘗着苦惱的，在其自身之分散性，及大多數的社會民主主義者，差不多完全埋頭，去做着牠們的眼界他們的活動範圍，他們的走向秘密活動的熟練和準備，都被限制了的純地方的活動。我們在上面所說到了的不安和動搖之最深的根柢，正應該探求於這種分散性之中。而除去這種缺陷，由數個地方的運動，轉化為被統一了的全俄國的運動之應該走的第一步，必須是全國的新聞之刊行。最後必然地，在我們政治的新聞是必要的。沒有政治的機關報，則在現代的歐洲，值得稱為政治的運動，是不能夠被想像的；沒有牠——政治的機關報，——則我們的任務，即集中政治的不滿和抗議之一切的要素，而依賴這些一切的要素，使普羅萊塔利亞的革命運動，膨脹和成長的任務，是絕對不能夠被完成的。我們既邁進了第一步，在勞動者階級之中，喚起了「經濟的」，工場的暴露之熱情。我們必須更邁進第二步，即在多少有些自覺了的國民之一切階層之中，喚起政治的暴露之熱情。政治的暴露之聲，目前實在是非常微弱，稀少而且似乎畏怯的。雖然這樣，但沒有因此感覺不安的必要。這種事情的原因，決不在對於官憲的橫暴之當時流行的妥協。其真正的原因，乃在下述各事。即具有暴露的能力和準備的人們，沒有得着可以站在那裡而大聲疾呼的講演台：又沒有熱心地傾聽演說者的言論而表示贊同之意的聽衆；還有這些演說者，在國民中的什麼地方，也沒有發現足以盡力訴說對於「全能」的帝俄政府之不平不滿的那樣的力量。但現在這些一切的狀態，都以偉大的速度變化着。這樣的力量存在着，——那便是革命的普羅萊塔利亞特。他們不僅既自進而傾聽並支持向政治鬪爭邁進的號召，並且表示了勇敢地，突進於鬪爭的決意。我們現在能夠設立用於沙皇政府之全國民的暴露之講演台，且不得不設立這種講演台。成爲這種講演台的，正不能不是社會民主主義的新聞。俄國勞動者階級，和俄國社會之別的階級及別的階層不同，對於政治的知識，表示着不絕的興味，且又常（不僅是特別興奮的時期）對非合法的文獻，表示着莫大的要求。像這樣，大衆的要求存在；有經驗的革命的指導者之養成既開始着；又勞動者階級之集中，使他們在大都市的勞動者街，工廠村落，工廠小都會等地方，成爲其事業上的支配者。在這樣的狀態下，政治新聞之刊行，在普羅萊特利亞特，已經完全是適應於他們的力量的工作；而新聞通過普羅萊特利亞之媒介，浸透到都市的小市民，農村的手工業者及農民的陣列之間，將要成爲眞的政治的民衆新聞罷。

但是新聞的任務，不僅單是思想之普及，政治的啓蒙及政治的同盟者之吸收。新聞不僅是綜合的宣傳者，並綜合的煽動者，而且更是綜合的組織者。在最後這一點上，可以把新聞比喻爲建築場的「間架」。這種「間架」，是被造於所要建築的建築物之周圍，表示建築物的輪廓，使各個建築工之間的聯絡，成爲容易，在實行工作的分配，觀察由組織的勞動所獲得了的全體的結果上，幫助建築工的。依於新聞的幫助，在和新聞的結合上，下述常設的組織，自會被建造成功罷。這種常設的組織，不僅單是地方的活動，而是從事於正常的，一般的活動，致給它的成員，以很注意地觀察，政治的諸事件，評價其意義及其向人民之種種階層所發生的影響，從革命的方面，訓練造出適合了活動於這些諸事件的目的之方法的。保證對於新聞的資料之正確的供給及新聞之正確的分送，雖僅是一種技術的任務，而已使不能不大張所謂代理員之網。在這種代理員之網中，統一的政黨之地方的代理員，相互維持活潑的連繫，精通事物之一般的狀態，具有有規則地遂行全俄國的活動之被細分了的機能之訓練，而努力於種種革命的行動之組織。（註）這種代理員之網，正是成爲在我們所認爲必要的組織之骨幹的罷。即這種組織，是足以包括全國的那樣程度之充分强大；足以遂行嚴密而細微的分業那樣程度之充分廣泛且多面的；而且具有雖當如何的情勢，如何的「轉換」，乃至突發事件，也足以確實地遂行自已的活動那樣程度的充分的一貫性：並具有在一方面，當優勢的敵人，集中了全力於一點時，避免在廣闊的平野和這種敵人的戰鬪，在另一方面，利用這種敵人的非敏活性，能在豫想敵人的攻擊最少的時期和地方，攻擊敵人的那樣程度之充分的，彈性的組織。今日提出在我們面前的，是所謂支持在大都市的街頭舉行示威運動的學生，那種比較容易的任務；明日，恐怕要提出比較困難的任務，例如所謂支持在一定的區域的失業者運動的那種任務；後日，則我們必須爲了革命的地參加農民暴動而建立自已的部署。今日，我們必須利用由於政府對於地方議會的攻擊所惹起了的政治的情勢之激化；明日，我們必須支持突進了的各種對於沙皇的暴政之人民的激昂，依靠拒絕合作，罷工，示威宣言等等手段——而幫助人民，訓練人民，使這種沙皇的暴政，不得不公然地退却。這樣的戰鬬準備的階段，是只有在使用正規軍的不斷的活動上，纔能被造出的。若我們結合自身的勢力於共通的新聞之發行，則像這樣的活動，不僅是最優的宣傳者，而且最巧的組織者，及在必要的瞬間，能夠給與向決定的鬬爭去的口號，並指導這種鬬爭的最有才能的黨之政治的指導者，也能被養成，被使輩出罷。

最後，爲了避免能夠引起的誤解起見，願意再述數語。我們已不絕地僅就系統的計畫的準備，而有所議論了。但我們不願說，因此能夠使專制主義沒落的，僅是依靠正確的包圍和被組織了的襲擊。這樣的見解，恐怕不過是愚駭的空論罷。反之專制主義，常是受到從所有的方面感到其威脅的某種自然發生的爆發，或不能豫見的某種政治的糾紛之壓力而沒落的這一事情，可以認爲是能夠有的，而且在歷史上看來，是比較地早已常有的。但無論是怎樣的政黨，不陷於冒險主義，是不會以這樣的爆發和糾紛爲期望，而組織自已的活動的。我們必須向我們自身之道邁進，確實地實行自己的系統的活動。我們愈少以突發事件爲期望，則我們愈增加對於任何「歷史的轉換」也沒有出乎意外地驚懼的那種確實性。

「註」像這樣的代理員，只有在和我們的黨的地方委員會(克落布，小團體)密切地結合着了的時候，纔能以成功而活動，這是不待證明的事情。而在一般的上，我們所豫定了的全計畫，不待說，也是只有在各委員會之最積極的支持之下，纔能夠被實現的。這些各委員會，是已經好多次，向黨之統一前進了的。而我們相信，不僅現在，即將來也是爲了獲得這種統一而努力的罷；又不僅是在這種形態上，即在他種形態上，也是這樣的罷。

報紙何以不完全用白話？

本月七日，天津大公報的第一篇『星期論文』，是胡適之氏的『報紙文字應該完全用白話』。胡氏在本文的收尾說：『報紙應該領導全國，所以我借大公報的新年第一次的星期論文的機會，很誠懇的提議，中國報紙應該完全用白話』。胡氏這一提議，在原則上，我們完全贊同，我們完全接受。白話文，不但「看報人容易了解」，就是我們編新聞，寫社論的人，也很容易下筆，就我個人的經驗說、當寫社論時，常因爲要求文字的相當雅馴，而費很多時間的思索，且因受文字體格的拘束，每有不能暢所欲言之感。如果用白話寫起來，便可以很容易地很痛快地發表所要發表的意見。報紙是要使看報人知道編報的人發表什麼意見或報告什麼消息的。那麽，也就應該用這自己容易寫出而且使人容易了解的白話了。事實上，如胡氏所說，報紙的文字，也已經逐漸白話化了；不待胡氏提議，報紙自身便走向這一傾向。原來，人類只能提起他所能提起的問題，卽社會已經具備可以產生這一問題的條件時，人類才能提起這一問題。人類的社會的存在，決定人類的意識；人類意識中所發生起來的問題，都是產生這種問題的社會條件已經具備了，而後產生的結果。胡氏提出『報紙文字應該完全用白話』這一問題，正是因爲在社會上，這一問題已經成爲一種問題了。報界的人們，除却少數抱殘守缺，像林琴南一流的保守派外，恐怕沒有反對用白話來寫社論和編新聞的。『然而今日國內報紙何以還不肯完全用白話作社論，寫新聞呢？』這不是『應該』，『不應該』的問題，而是『可能』，『不可能』的問題。好像馬克思的主張，是要實現萬人平等的社會主義社會的，然而他在哥達綱領批判中，却說，從資本主義社會過渡到社會主義社會，中間有一個過渡期，在政治上適應這個過渡期的，便是無產階級專政。『萬人平等』和『無產階級專政』，不是很相矛盾嗎？然而要走到『萬人平等』，他却主張先來個『無產階級專政』，因爲不經過這一階段，那『應該』實現的最後理想之實現，是『不可能』的。「完全用白話來寫社論和編新聞，」是「應該的」；但在現在還是「不可能的」。固然，我們不能夠因爲「不可能」而把「應該的事情」，認爲「不應該」。但我們必須努力尋求這所以成爲「不可能」的原因，努力解除這原因，以實現那「

應該的事情」，而不能夠空空洞洞說一句，「應該」便了。所謂「科學的」和「本想的」之區別，便在後者只說「應該」，前者，却要尋求如何纔能夠實現的方法。胡氏也知道現在「完全用白話辦日報，的確還有不少的困難。第一，用白話打電報，字數比文言多，第二，用白話記載新聞，字數也比文言多，佔篇幅太多。」因而他給報館打算，提出電報的「改寫」和「用乾淨的白話文」，去叙述，記載。其實，胡氏所說的困難，並不是根本的困難，也不是不容易解决的困難，並且不待胡氏來懇切的提議，報館也已經在逐漸解除這些困難。說到根本的困難，却在現在報紙的本身性質和社會的客觀環境。像胡氏所說的第一個困難，簡直沒有什麼困難。因爲現在固然有不少的報館，是在用自已的專電的；但設置一個無線電收音機，聽取不需自已出一文電報費的廣播電及別人的電報，已成了一種公開的秘密；再其次，便是採用官廳公布或電報局送出的公電，以及各通信社的通信稿。所以電報費是否多費？這一問題，除却少數大報外，在一般報館，不成什麼問題。並且，「專電」，縱在「大報」，也到底是有限的，縱然仍用「文言」拍出，將來要「改寫」爲白話，也不需要多大時間。所以「用白話打電報」，或用「文言打電報」，根本不必去討論。問題是在「改寫」廣播電，別人的電報，以及通信社的通信稿。要把這些都一齊改成白話，這卻需要很大的時間，否則需要很多的人。費很大的時間，在報紙的生產過程中，是最大的忌避；尤其是當「發稿」，發到重要電報的那時候，可以說一分一秒的速度，也是應當拚命去爭的。用很多的人，在報館的經費開支上，又會發生問題。所以除經費極充足的大報和篇幅不甚多的小報，總能夠實行這種「改寫」的辦法外，一般報紙，是不易辦到的。要想報紙的記載，完全改用白話，須先使電報的來源，都採用白話。這不是報紙本身的問題，而成了客觀的社會問題。其次，胡氏所說的第二個困難，即：「用白話記載新聞，字數比文言多，佔篇幅太多」。這倒是相當的困難。在國家多事，社會擾亂的今日，報紙的消息，常有擁擠而不能盡量容納之感。若再改爲白話，當然更不免使編輯先生們，感覺到困難了。解除這種困難，就報紙本身而言，不外：(一)像胡氏所說，「用乾淨的白話」去記載。但這卻需要有文學訓練的人才。其實，就是在沒有改用白話的今日，各報紙的記載，也早有「精編」的必要。有許多重複的記載，冗沓的字句，是應該去掉的。然而何以終不能夠實現？主要的是「人才問題」。因而要「用乾淨的白話」去記載新聞，也須先有這種「人才」。(二)擴充報紙篇幅，雖然字數增加，也不患不能容納。但這又和報紙的經費支出，大有關係。像世界日報這樣的報紙，假使每天增加篇幅半張(即兩版)，以二萬份銷路計，每日便須增加紙費約五十元；編輯費，排印費，以及一切連帶的經費，還不計算在內。這在一般報紙，當然也不是容易辦到的。總之，胡氏所說的第二個困難，不是「文言」和「白話」本身的問題，而是「人才」和「經費」的問題。我們在討論了胡氏的主張以後，感覺到這是新文學運動家的見解，而不是新聞記者的見解，是主觀主義者的見解，而不是客觀主義者的見解。

在前面，我們曾經說到，現在的報紙所以不能完全用白話來寫社論和編新聞，其根本的困難，不在「文言」和「白話」的本身，而在現在報紙的本身性質和社會的客觀環境。胡氏根本沒有把現在報紙的性質，鬧清楚；把牠認爲是「應該領導全國」的文化運動之工具；却不知道，現在報紙的主要性質，是營利的商品化的性質。本來，報紙是有兩重性質的，一爲政治鬪爭的工具之性質，一爲營利的商品化的性質，而在現在資本主義化的社會裏，報紙的營利的性質，幾乎要掩蓋了牠的政治鬬爭的性質，所謂文化運動，也只能在不妨害「營利」的範圍內，去實行，不能夠和營利的性質相矛盾。同時，縱就政治鬬爭的性質而言，也因爲各報所代表的階級不同，主張自不能相同，從而採用的文字也就不能無「文言」和「白話」之別。日本的報紙，差不多是早已「口語化」了的，可是代表封建勢力的「日本新聞」這一家報紙，直到現在，還在提倡「文語」。在我國，也不是沒有這樣保守的報紙。不但是代表封建勢力的報紙，連從事民族運動的人們，也還在提倡「文言」！因爲他們認爲「民族精神」，寄託在「民族文學」，而民族文學」，又有待乎「文言」來表現。因爲報紙的性質爲營利性質，便不能不求適應於客觀的社會需要。從而牠使用何種文字，也不外是投社會之所好。另一方面，因爲報紙是代表某一階級的，換句話說，就是某一階級的工具，因而牠使用何種文字，也不能不求有利於牠所代表的階級，或爲牠所代表的階級所喜歡。明乎此，才可以討論報紙所以不完全用白話寫社論和編新聞的問題。

現在中國的報紙，大體上，可以分爲三種。第一種，是政治鬬爭的報紙，如黨報，政府機關報及反政府派的報。第二種，是敲竹槓的報紙，他並沒有什麼主張，也沒有什麼理想，只不過拿到別人的津貼替別人鼓吹，或揭發別人的陰私，向別人敲詐罷了。第三種，是營業的報紙，也沒有什麼固定的主張，一以獲利爲前提。就性質上說起來，第一種報紙，是最應該採用白話的。因爲所謂政治鬬爭，不外，使民衆明白自己的政治主張，擁護自己的政治主張。既是以民衆爲對象，便應該採用民衆所能了解的白話。但事實上，現在的所謂政治鬬爭，尤其拿報紙做爲工具的政治鬬爭；在本質上還是布爾喬亞或小布爾喬亞的政治鬬爭，甚而還有一部分是封建勢力的政治鬬爭，和農工羣衆，不發生直接關係。報紙的對象，是封建勢力，布爾喬亞或小布爾喬亞；而這些人到現在爲止，還是喜好文言，甚於白話，至少，是能讀白話，也能讀文言。因爲新文化運動的發生，不過十餘年，現在讀報的人，即成爲政治鬬爭的報紙之對象的人，還都是受過舊文化的薰陶的。我們常常可以聽到官僚階層及知識階層的人們說；「北平晨報的社論，作得很好，因爲很雅潔遒勁！」恐怕胡氏自身雖然提倡白話，却也不能不讀文言，決不因爲報紙的社論是文言，而置之不讀吧？別的人，更不待說了。做爲政治鬭爭工具之報紙，目的在說服和抓住在政治鬭爭上所需要的羣衆；不在做新文化運動。那麼牠的羣衆，既不討厭文言，甚而喜好文言，牠爲什麼要忍受經濟上和時間上的損失，而一定用白話呢？自然，政治鬭爭，不是沒有以農工羣衆爲對象的，但那一種鬭爭，恐怕還沒有拿公開的報紙做工具的吧？中國現在的工農羣衆，能有幾人認識字？縱然是白話，只要不是吶說，而是寫成了報紙的社論，農工便一定不能夠直接懂得了。

第二種報紙，又有二種。一種是以上層階級爲對象的，另一種是以下層階級爲對象的。現在的所謂上層階級，無可諱飾的，大多數還在追繫着，繫戀着中國的舊文化，至少，是不反對舊文化。把牠們當做對象的敲竹槓的報紙，當然不可不用文言了。其實這種報紙，用什麼文字，都沒有關係。因爲他們每天的銷路，根本沒有幾份。據說，有些報紙，是把別的報紙拿來，換上一個「報頭」，加上一段和他所要恭維或者攻擊的人有關係的記事或論評，便得了；有的，每天，只印報三五份、十來份，至多不過幾十份，送給他的對象去看；至多，向「圖書館」，「閱報所」贈送幾份，在街頭張貼幾份，以資宣傳便夠了。至於以下層階級爲對象的敲竹槓報紙，他們固是不需要高深的文字的。然而，那不僅需要文字通俗，而且需要內容汚穢。譬如說：「某家姑娘，養下了私生子」；「某家媳婦跟人跑了！」內容不這樣汚穢，無論文字如何通俗，也沒有什麽用處。縱就文字本身言，像我們所寫的那類白話文，大抵也是不能適用在這種報紙上的。這只要我們拿流行在下層階級的小報，和胡先生們所辦的「獨立評論」，以及一般雜誌和報紙副刊，來比較，便知道在白話文中，也有所謂「文野」之不同！

第三種報紙，是否應該或必須完全用白話？這全看牠的讀者的範圍，是否都是必須讀白話至少喜好讀白話的人而定。因爲營業報紙是以推廣銷路，至少保持原來的銷路爲第一義的，決不能夠違反讀者的要求，而對於所採用的文字，堅持着一種信仰和主張，不惜犧牲地去實行。就一般情形說起來，中國現在讀報的人，還限於極少數。因爲：（一）如前所述，中國民衆大多數是文盲，是不識字的，縱然是極淺的白話，只要不是用口說，而是用筆寫，他們便沒有方法來領教；（二）中國的社會經濟，現在已經破產，能夠讀報的人，也常訂閱不起報，小報之流行，不是因爲他的文字用白話，卻是因爲他的價值便宜。例如現在最爲北平社會所歡迎的實報，牠並沒有完全用白話「寫社論」、「編新聞」。(三)中國的交通不發達，報紙的銷路，大都集中在都市，不能遍及於全國。在這些極少數的讀者中，又可以大體分爲下述各類：(1)官僚，軍閥、資本家，以及他們的走卒厮養；(2)名流，學者，教授，文學家，以及一般知識的自由職業者；(3)學生；(4)一部分都市商人；(5)極少數的都市勞動者。第一類，大抵是喜好文言的；第二類，可以說還有半數喜好文言，至少、不厭惡文言；第三類，却是喜好白話的佔多數，但並不是看不懂普通的文言，或絕對厭惡文言，並且他們所喜好的白話，恐怕不是普通民衆都能懂的白話；第四類，應該是喜好白話，然而矛盾得很，他們喜好普通文言，有時甚於白話，這是因爲他們所曾受的教育，還是舊教育；第五類，本來是極少數，和普通報紙的銷路，是沒有多大關係的，而且他們所能懂得的白話，恐怕和第三類所喜好的白話，是有「文」「野」之別的罷！因爲讀報的人，有這種種區別，所以營業報紙的內容，也使不能不涉及「文」「野」「雅」「俗」各方面，就文字言，也就不能不「白話」，「文言」，「兼包並容」了。例如各報的副刊，大抵是讓知識階層尤其學生們看的，所以牠的文體不妨用歐化的白化文；

普通的「報尾巴」，大抵是讓社會上一般人尤其舊派的文人墨客們看的，所以常登載些個文言的詩，詞，劄記之類，所謂白話小說，也是倣效水滸傳，紅樓夢等舊小說的語句，和文言一樣死了的白話，不是現在的白話。——固然紅樓夢中的語句，不少是現在還流行着的白話。——至於「社論」，因爲是和政治有關涉的那些懂得文言，甚或喜好文言的人們看的，自不妨用文言了。總之，營業報紙之所以不完全用白話，大部分的原因，是爲適應讀者的要求，至少，是在事實上沒有感覺到，用「文言」對於報紙的銷路會發生不良影響。營業報紙的本身，不是新文化運動的急先鋒，也不是舊文化的擁護者，牠對「文言」和「白話」，大概沒有必須用那一種或絕對不用那一種的成見，就特殊情形而言，每一報紙即，大抵都有牠的一種特色，特別適應一部分讀者的要求之特點。因爲要把所有的讀者，完全抓住，這是不容易的，除非你的報紙，已經成了一種大企業，像百貨店一般，能夠適應一切顧客的需要，而且又是價廉物美。但這樣的報紙，在中國還很少，假使有的話，却又只有少數最大的報紙可以存在；性質相同，規模較小的報紙，便在大資本吞併小資本的原則之下，不能存在了。所以每一報紙，除却能夠籠罩一切的大報紙以外，都須具有一種特點，抓住一部分讀者，做爲牠的基本讀者，以維持牠的存在。在日本報紙中，我們知道大阪朝日和大阪每日兩大新聞托辣斯，把一切沒有特點的大新聞都打倒了。像歷史最老的報知新聞，福澤諭吉創辦的時事新報等，也都有岌岌不可終日之勢；但具有偏重文化的特點被人們稱爲「文藝新聞」的讀賣新聞，反漸漸發達起來，次於朝日和每日，而居於第三位了。中國的報紙，也不能逃出這個原則。例如北平晨報的基本讀者，大抵爲政客，名流，學者，教授以及一部分大學生；世界日報的基本讀者大抵爲教育界，尤其學生階層；全民報的最大銷路，爲商店，實報的大銷路，爲小市民；羣强報，則仍爲下層階級所歡迎；因而他們的內容，便各有特色，文字也不必一致。世界日報似乎比較的可以用歐化的白話文（假定沒有其他的困難，只就文字的本身而言的話；）全民報，則與其用歐化的白話文，倒不如用通俗的文言文；至於羣强報更是只有用北平一帶的土話，纔最相宜。要使一切營業報紙，都用同樣的文字，在事實上是不可能的。

由以上所說的各種情形看來，我們可以知道，現在中國的報紙，所以不能完全用白話的根本原因，在牠本身的性質，爲營利的；而社會的客觀環境，又不是絕對需要白話，甚或反是需要文言的這兩點。假使報紙像蘇聯那樣不是營利的，並且報紙的讀者是全社會的勞農大衆，自然可以完全用白話，並且必需用白話了。我也主張報紙完全用白話；但必須認清了不用白話的眞正原因，而力求把牠解除，纔能實現我們的主張。至於應該怎樣努力不在本文範圍之內；本文的目的只在客觀地說明一種事實。（連載二十三年，一月十一日，十八日，二十五日世界日報新聞學週刊第四，五，六期）

（附錄一）寫社論何必要求文字的雅馴？

李秉衡

——向張友漁先生請教——

由於讀者要表示點意見，在記者，特別主撰社論的記者，如果不過於以『外行話』輕視，則我們的意見未必不可以保留。表面上，我們似乎同胡適之先生一致，主張社論要用白話寫，（實則我們更要使這意見變爲積極），所具理由和張先生所提的相同。即社論是發表意見的，這意見須要使讀者大衆懂得。（他的原文不是這樣，而其意義是這樣的）。顯然這裏主要的條件，就是讀者（當此時際，也就是「印貼力退亞」）能夠明白。社論文字能做到這個地步，在記者本身的職務也就算盡到了。然而何以要『要求文字上的相當雅馴』？何以爲了此點更使意見不能『暢所欲言』？爲了形式而傷及內容，在現時代之下，便不免於倒逆。資本主義社會，爲維繫反動的剝削制度，——雖然，並不能阻礙新的生產力—在經濟上，政治上，乃至文化上反映着種種矛盾的設施；譬如以治學方法言，大多數依舊保持着形式邏輯，這方法論在理論上已經用不着再爲駁辯；而於實際的影響，便成爲有意的或無意的資本主義社會的傭兵了。例如晨報社論，一再主張中國目前政治應康明。康明是否是中國政治出路的惟一指針？這不僅表明牠不懂得資本主義的作用，而且就如伊里奇指示我們，帝國主義的掩護人，常常用不關重要的問題，以置之前列，好遮蓋住人們的耳目，也並不是沒有意義的。這段插話，一方面說明資本主義社會的種種反動，牠的反動在於阻礙新的生產力；這生產力雖然必孕育於舊有的經濟制度，始能發生，但斷不是消極的意義。人類不能安安靜靜地等候着牠的產生。馬克斯批判了費爾巴哈整個結論，他在有名的十一條論綱中，就指示我們：『人雖是環境和教育的產物，但環境也可因人而改變，教育者自身也須被教育』。按諸實際，就以保存形式言，不管經濟的，政治的，或藝術的，在這個時代下，都是新生產力之桎梏，都是內容被形式壓倒下去，在這個前提下，任何理由都不能支持很久。抹回頭去說，社論這個言論的體裁，及其一定的格式上，所謂『相當的雅馴』，除表示新聞特有的言論形式，還於駢介典故間，頗露封建社會的殘餘勢力。我與張先生曾談過，天津某報特別是北平某報社論，常常是『言之無物』的，但這無礙於牠的駢體文的漂亮，我們就只能以文章看，却接受不着什麼好意見的。你看『曲突徙薪』一對『焦頭爛額』，如此這般的連對對子帶叶韻，讀起來，確乎動聽，可是究竟有什麼意義呢？講求文字的美麗，在中國文學演變中，可尋出來一定的原因。唐詩怎麼產生的？以至清朝何以盛行八股文？推及世界文學，浪漫主義的作品，何以有呢？新寫實主義又何以需要？後者作品，不管詩或小說與隨筆，什麼也好，只要具有意識，怎麼表現都可以，並不因形式而使內容受阻。

社論雖不屬於文藝，但它既是文章，自不妨講求「相當雅馴」，甚至韻調。但不必過求「雅馴」，礙及文章內容；而且，在一般文章中，形式已由文言轉入白話，這改革的意義下，執筆著社論的記者先生，何以還有所顧忌呢？個中苦衷，外人自然不親切；然依我們的臆測，(一)可是嫌白話庸俗呢？(二)白話寫出來的社論在同業中顯示軒輊呢？(三)還是因爲讀者多屬於士大夫階級呢？(一)自然不能成爲理由，因爲張先生也是希望這個的；(二)就以世界日報社論講，意見多數正確，幾個報紙社論比較之下，與其說並不低下，勿寧說是代表進步的意見，這是許多友人共認的；(三)至於爲使士大夫階級看，根本不容有這種的表示，假使主筆不是資本家或他的走卒。只能就報館營利主義的立場來講，方才說得過去。此外，爲求字數的經濟和節省篇幅算充分理由了。但我看天津益世報過去的白話社論，同北平京報有時發表的白話社論，其佔有的篇幅同一般報紙相同，並不見冗，而且所要發表的意見，都是很痛快的。然而張先生在同意胡適之先生的「報紙應該完全用白話」的意見下，寫出撰社論時的苦衷，一面說因要求文字的相當雅馴，與有時因文字的阻礙，常不能暢所欲言，一面依於題目所示的態度，「報紙何以不完全用白話？」大有很多的困難在似的。我們對於事實上的困難，縱然以上的臆測都不成立，更有其他主要的困難，也應取克服的精神，不應表示屈服的態度。「報紙是要使看報的人知道牠發表什麼意見與報告什麼消息的」。似乎用不着什麼文飾。現在我們再引一段插話來，綜合以上的意思。在 Fullop—Miller 著「蘇俄面面觀」中，有論及列寧的地方。「他（列寧）用通信的體裁給辦理黨報的人以一張關於特殊的商業主義的訓令。這訓令很有列寧對於這題目的見解獨到之處；他說：『爲什麼你們不把二三百行的東西，删去十多行，二十行呢？——而且把這些寫得儘可能得清楚，簡單，易懂——：你們必須記住在這種世界裏的每一件發生的事情，不要重三倒四地用長的論文和「討論」體寫出來，只要用『打電報的形式』幾行寫完就得了！已經知道的和正確理解的，按照這種方法，句子必須用新的式樣來通過政治學的範圍。要少用過於精密的政治的術語呀！少寫點有知識的論文呀！要和實生活接近些！』」

最後，我們聲明：這篇不是對張先生意見，加以訾議，而是希望張先生不要顧及文字上的雅馴，不要因辭令而不能『暢所欲言，』有什麽意見就痛快淋漓的寫了出來，使內容壓倒了形式，這是說報館經理允許的話。其次，文字運用自不成問題，而發揮意見，當在嚴酷的政治壓力下，得說自己不願說的話，卽强奸出來的意見，反成爲主要問題了。所以我們更主張報紙完全用白話固屬有益讀者，可是在供給讀者反動的記載和宣傳，反而使原來的意義變質。（白話會讓讀者懂得深刻，卽是讀者被麻醉的程度愈深。）因之，應於報紙上的强奸式的意見上去注意。這問題的解决，與中國的政治制度根本的改革同所謂的革命行動成爲密切的關係時，始有希望。質之張先生以爲何如？（載二十三年二月一日，北平世界日報新聞學週刊第七期）

（附錄二）寫在李秉衡先生的來稿後！

空了把李秉衡先生的來稿：「寫社論何必要求文字的雅馴？」，給我看。因爲李先生自己寫着：「向張友漁先生請教」，所以空了要我來答覆。

我想：沒有什麼可以答覆的。因爲李先生主張用白話文寫社論，我沒有什麼不贊成，正和我贊成胡適之先生的意見一樣。我所以發表「報紙何以不完全用白話？」只是說明現在事實上，不完全用白話文的原因，並不是反對用白話文。即我的那篇文字，是敘述事實，不是發表主張。並且我已經很明白地說明：「我們必須努力尋求這所以成爲不可能的原因，而努力解除這原因，以實現那應該的事情。」想來，李先生不會疑惑到我和林琴南之流同樣，在反對白話文。所以辨生於不同，根本沒有什麼不同，我又答覆什麼？

李先生所着重的一點，似乎，在我寫社論何必要求文字的雅馴，以至不得「暢所欲言」這一點。很簡單，因爲現在的報紙，在事實上，還不能完全用白話，（理由，看報紙何以不完全用白話一文），所以在這種困難未解除以前，寫社論的人，不能完全排斥文言；既爲文言便不能不求相當雅馴。這裏，應該注意的，是所謂雅馴，只是「相當」雅馴。就是說文言文最低限度的要求之雅馴，例如我們在文言文裏，不妨用「積極」，「消極」，乃至「吃飯問題」，「麪包問題」之類，而不好用「他媽的巴子」，「不要臉的東西」這類話，決不是像作古文戊駢文，一字一句，都煞費推敲。然而文言文究竟是死文字，你要讓他能夠表現你的意見，而又不失這最低限度的雅馴，便也不能不費一些思索；且有時因爲找不到恰恰相當於一句白話的文言，便不免發生不能「暢所欲言」之感。這裏又該注意的，是不能「暢」所欲言，而不是不能「言」所欲言，更不是言所「不欲言」。當然，社論中也不免有言所不欲言的時候，但那是由於別種原因，不是由於文字的關係。因形式而拘束內容，已經是不得已的遷就的辦法，若更因形式而變更內容，那當然是不應該有的事情，寫社論的人，恐怕也決不會這樣做。

李先生也許要這樣追問：「張先生！你不是贊成報紙革命，喜談社會改革的人嗎？爲什麼你寫社論也同別人寫社論同樣地遷就事實，不肯乾脆抛掉死的文字即反革命的工具呢？」我的答覆是：報紙上的社論，不是代表個人的，而是代表報社的。實際也不一定完全是個人寫成的，也許經幾個人的手來修改。所以無論在內容方面或形式方面，均只能求其適合報紙的本身，不能求其適合於某一個寫社論的人的主觀見解。我們寫社論的人所做的工作，好像和排字工人排字，甚而印刷機搖轉它的輪子，不過是報紙生產過程中的一小部分，不能夠不顧及全生產過程的要求，獨立獨行地去自由行動的。

李先生也許又要說：那麼，你是一個資本主義的傭兵吧？爲什麼行動和主張矛盾呢？這問題不是關於報紙本身的問題，而是關於個人言行的問題，恕我不能答覆，留在將來再談吧！完了。祝李先生努力！（載同週刊同期）

中小新聞所恃以繼續生存的二方法

石濱知行原著

在大資本的鬬爭裏，中小資本的新聞，所恃以繼續生存的手段，向採二種方法。一、爲採取着極端無意義的編輯方針之赤色新聞的方法。但這也因爲讀者階層的知識之向上和當局的取締之嚴重，而既沒有了從前「蛇蝎周六」式之社會的魔力，又社會的評價也極度地低下了，所以僅能獲得含有限的浮動不定的讀者。二、爲以某種特殊的記事，抓住特殊的社會層和地域的方法。這種方法，現爲二三新聞所試驗而獲得成效，的確是事實。但採取着事件網羅主義的大資本的大新聞，將來如依增頁主義而也侵入到這方面去，則這一方法，在將來，當然也是包藏着相當不安的。

——譯自中央公論一九三六年三月號載：新聞界之旋風——

何謂社論？

報紙之使命，在報告事實與發表意見；前者爲新聞記事，後者即爲所謂社論。社論在報紙所佔之地位，有時且較新聞記事爲重要，治新聞學者，不可不研究之也。然則何謂社論？請就其定義與內容一言之。

社論，即英語之 Editorial 或 Leading Article ，爲報紙上之論評，而由報社中人所撰，足以代表報社之意見者也。故可爲之下定義曰：

「社論者，代表報社的意見之論評也。」（當然報紙又各有其階級的背景。關於此點，不在本文討究範圍之內。）詳言之，則爲：

「社論者，代表報社之意見，對於時事，有所解釋，批判及主張，以期指導讀者之論評也。」

分析言之；第一，社論必爲一種論評，非泛然不切事實，不着邊際之普通論文。考「論」之爲訓，議也（說文），說也（廣韻），直言之也（周官賈疏），紬繹討論也（增韻），稱論羣言而研精一理也（文心雕龍）。劉勰謂；「昔仲尼微言，門人追述，仰其經目，稱爲論語，蓋羣論立名，始於茲矣。」姚鼐謂：「論辯類者，蓋原於諸子，各以所學，著書詔後世。孔孟之道與文至矣！自老莊以降，道有是非，文有工拙，今悉以子家不錄，錄自賈生始。」論語，孟子，以及老莊諸子之書，大抵泛論事理，初不限於評論之義，或竟不合評論之義。古辭書，鮮有以評訓論者，而連綴論評二字，以成一語，在古籍中，亦惟於蜀志費禕傳見之。然賈誼過秦論，詳陳暴秦之所以亡，譏其「本末並失」，且謂「前世不忘，後世之師，」欲後之當國者，以秦爲殷鑑，蓋已以論爲評矣。自是而後，論之體製甚多，固不盡爲評，而評論或論評，遂爲論之一體。且在習慣上，凡評之長篇，皆謂之論焉。故謂社論，即報社之論評也。

同爲社論，而報紙所採用之名稱，亦殊不一致。或稱社論，名實相符，無待解說。或稱社評，因論即含有評論之義也。或稱社說，因論之義，原訓說也；日本報紙，多用此名。惟說之爲言，不必與評同義，故我國報紙，採用者鮮。或稱論說，蓋因昔之報紙，其所登載之論說，不盡限於代表報社之意見者，故不用社論之名，而曰論說。或稱評論，以論與評連綴成語，其義仍同於論或評。或稱論壇，或稱評壇，斯二者，皆未標明社字，有若不必盡爲代表報社意見之評論者，蓋與論說同爲沿用舊稱耳。或稱時評，或稱新評，二者原爲社論外之短評，今則漸變爲社論之體製矣。總之，名稱雖異，含義則同。循名責實，據實正名，胥逕乎迂闊。略其名而究其實，斯爲得之。

第二，社論必爲代表報社意見之論評。報紙所載之論文，原不限於社論。如專論，如來論，如選論，如譯論，如代論，如時論。凡此，縱其主張與報社之意見，若合符節，亦不得謂之社論。社論者，表現報紙的個性之精神，之靈魂也；忠實坦白，以表示其所抱之思想，感情，知識，社會的立場之喉舌也。亦即報紙之主張所由表現，以社論爲主。故必報社自身所撰之論評，始得謂之社論，亦猶人必自鼓其舌，自啓其齒，而後能言自己之所言，道自己之所道；反之，社論而不足以代表報社之意見，則亦不得謂之社論，如鸚鵡學語，其所言者，人之所言，而非自身意思之表示也。

第三，社論必爲關係時事之論評。新聞之所以產生，乃因人類在其實際生活上，有欲知事物之要求，而對於此要求，有供給材料之必要也。但同爲所欲知，而事物之較新者，其價值亦較珍貴。新聞，即就人所欲之新事物而供給以一種記載者，故新聞之第一任務，即在時事之報告。惟是人類對於一現象，不僅以知此現象爲滿足，更欲進而探求其潛在現象之底與的意義。故當其閱及新聞所報告之時事也，同時，即欲探求其意義。社論之所以爲必要，此亦一因。在英美報紙，因篇幅有餘裕，及社論之不爲社會所重視，其社論常有論及與時事無關係之文學，音樂，演劇，美術等諸問題，或談及人生與宗敎者。然就社論之本質及機能言，尤其篇幅不甚充裕，而人民對於時事又常患不能了解其意義之日本及我國報紙，其社論，應爲對於時事問題之解釋批評或主張。又當社會秩序安定，人民生活安逸，政治問題不爲人所重視，讀報之目的乃在精神上的享樂之時，社論不必定有關係於時事。若在政治鬬爭激烈，人民關心時事，尤其革命潮流澎湃之時，社論而不論及時事，將必爲人所厭棄矣。日人棟尾松治論及日本明治六七年以降之報紙，有云：「此時期之報紙，着重社論，過於消息。社論之優劣，左右報紙銷數。」又云：「若報紙發生以來，不揭載社論，以消息而始終，則將如我國明治初年，新聞及新聞記者，受瓦版戲作者以下之待遇，亦未可知。」然當時日本報紙之社論，則固以時事問題爲其論題者也。如副島種臣，後藤象二郎，板垣退助，江藤新平等，明治七年一月，連署提出民選議院設立建議書後，是非之論，繼續發現於報紙，報紙之言論呈空前之盛況。而福地櫻痴執筆東京日日新聞，公然署名發表諤諤之意見，尤足驚倒世人！我國今日之報紙，殆亦有類乎此，任披南北報紙而閱之，其社論莫不以時事爲題目。社論之不喜於民衆者，其銷路亦大減，付社論於闕如者，更無論矣！

第四，社論必爲有所解釋批判及主張之論評。社論爲一種論評，故必對於事物，有所批判，前已詳述，無待贅言者。惟所謂批判者，非不察事物之眞相，不明是非之所在，而漫然加以褒貶，若所謂「信口雌黃」者也。必對於爲其批判的對象之事物，加以詳細之解釋。蓋新聞讀者之所以需要社論者，欲藉以探求潛在某一現象之底奧的意義也。武斷之批判，將爲讀者所鄙棄矣。當民衆之知識，尤其對於政治之知識，不甚發達時，武斷的社論，或可左右民衆之行動，範圍民衆之思想。然今日之時代，為民衆覺醒之時代，一人之力，不足以領導社會，社會之方向，定於民衆之力量。故曰：今日之社論，已由命令的而變為指導原理的，由武斷的而變為解釋的矣。美土路昌一氏謂：「昔日之高蹈的論文，已失其效力，今日之社論，乃給一社會相以解說的批判耳」。其言可謂中肯。

又所謂批判者，必為有主張之批判。消極的指摘他人是非，而不能提出自身之主張者，非有真知灼見者也。至若「村婦謾罵」，「瘈犬狂吠」，等而下矣。且新聞之所以有支配社會之力量，而見重於社會者，亦以真有足以動人之主張耳。雖資本主義時代之商品化的報紙，若不甚需要主張者，而在一種思想的或政治的鬬爭時期，主張實為重要。故昔之從事新聞事業者，雖亦有人以營業為目的，而大多數之目的，乃在發表其自身之主張，以期行於世。例如，在日本，則有福澤諭吉之時事新報，三宅雪嶺或陸羯南之日本新聞，德富猪一郎之國民新聞。社論原所以發表報社意見者也，故必須有主張。無主張之意見，安得謂之意見乎？總之，社論不僅非空泛而不切實際之論文，且必爲有所解釋，批判及主張之論評而始爲上選也。

第五，社論必爲以指導讀者爲目的之論評。社論以發表主張見重於社會，已如前述。而主張之發表，即所以指導讀者俾循此意見以行耳。無論其爲命令式之古昔的社論，或解釋的批判的之近代的社論，皆以指導讀者爲目的者也。日人門屋博氏論及普羅萊塔利亞新聞之性質，第一，即舉「爲政治的暴露者及政治的指導者」一項。某美人謂新聞紙之主要的任務有四，而以「解說世界的大事件，以指導公衆」爲其一。二者之立場不同，而以爲新聞有指導讀者之任務則一。社論者，新聞所恃以盡其指導任務者也。日本大阪每日新聞社社長本山彥一氏，嘗指示其社員曰：「新聞紙爲事實報道之機關，決非指導機關，即非社會之木鐸。故持迅速報道主義及網羅事實主義爲要諦。」資本主義社會之商品化的報紙，固以消息爲重。然在有意無意中，亦莫不有指導讀者之作用。不論此指導作用，能否生效，而其期望生效之心，未嘗打消也。雖本山氏自身主持之大阪每日新聞及東京日日新聞，亦何嘗不於其社論中，表現指導讀者之作用乎？惟所謂指導者，非如新聞記者所自詡，爲獨立的，自由的，有權威的不過代表其背後之階級勢力發言而已。普羅萊塔利亞新聞之社論，人或譏其持論偏激，然布爾喬亞之新聞，其所主張，亦未能無偏。日人川口浩謂：「布爾喬亞之新聞，雖標榜社會之公正，階級的中立及代表全民衆的利益，實則適得其反耳。」非過語也。

總之，社論不論其代表何種勢力，不論其取何種方式，又不論其能否發生效力，及發生之效力，爲善爲惡，要必爲指導的，至少，亦爲期望能爲指導的而後可。日人千葉龜雄氏謂：「新聞如教會。在教會有非常偉大之牧師，苟說教焉，則環而聽之者，幾千百人，必爲其力之所感化。牧師爲說教而存在者也，不可無所言。新聞記者，恰如牧師，宜說教於新聞之上。」可謂能近取譬矣。

綜括上述各段，故得斷言曰：「社論者，代表報社之意見，對於時事有所解釋，批判及主張，以期指導讀者之論評也。」

社論之定義既明，請進而言其內容。社論之內容。第一，爲報社之個性。蓋一報社之社論，其執筆者，是否限於一人，殊未可知，然其議論之根柢，則必依該報社之歷史與方針而定。例如，倫敦泰姆士報之社論，殆皆爲所謂論說記者的一種記者所撰，然此種記者之撰社論也，僅可謂之機械式的撰述而已，其所表現之意見，則統一於主筆者也。又主筆之統一社論所表現之意見也，决非依其個人之獨斷的，任意的意見，乃依據泰姆士報以一百五十年間蓄積之資料，經一百五十年間之經歷所養成之方針而定者也。社論之所以被重視，即在是耳。所謂歷史與方針，即報紙之實質的個性也。第二，爲超拔之思想。蓋縱使爲美辭麗句之論文，苟於其中，缺乏思想，則毫無生氣，不能使讀者感佩。無哲學思想之論說記者，其所撰之社論，縱形式完備，而精神莫存，譬諸彫飾無靈魂之偶像，非不莊嚴威赫而終不得謂之人也。反之，充滿一貫的超拔的哲學思想之論文，則可予讀者以至大之感化。然所謂哲學思想，非必如布爾喬亞學者之解釋，爲玄妙的高深的遠離於實際的思想，乃不過就某種現象之認識與解釋及對於人類之實踐的指導而已。第三，爲豐富之知識。思想以知識爲基礎。見聞狹隘，知識缺乏者，不能有超拔之思想。知識與思想缺乏之社論，不特對於讀者無何等之感化力與說服力，且將爲有識者所輕侮，而失墜報紙之信用與聲價，况社會愈進化，其所發生之現象愈複雜，非具有相當知識，乃至專門知識者，固不克認識，解釋與批判也。故撰社論，固非一般學究先生所能爲役，而非具有相當知識者，亦不能優爲之也。第四，爲忠於自身所賦的使命之道德。世之批判報紙良否者，每以道德爲批判之標準，所謂「新聞道德」，「新聞論理」者，一若具有至高之權威，而布爾喬亞之新聞記者自身，亦常以所謂「社會的公正」，「階級的中立」爲標榜。實則世間並無絕對的普遍的道德，只有適於一時一地或一階級，一黨派之道德；因而報紙之社論，其所主張，不必求合於超越時，地，階級與黨派之道德，只求忠於其自身所負之使命，即爲能踐履道德矣。如普羅萊塔利亞新聞之社論，能盡力攻擊布爾喬亞，即爲一種道德，不必更有超乎階級以上之道德存在。即布爾喬亞新聞之爲布爾喬亞奮鬪，自其自身之階級的立場言之，亦不妨謂之道德。故所謂忠於自身所賦的使命之道德者，大之，爲忠於某種階級或集團，小之，爲忠於報紙所有者。惟在無關於其階級，集團或所有者之利害時，對於報紙本來之職務，亦不可不求其忠實。然此種場合，蓋亦僅有矣。第五，爲可資依據之事實。社論爲對於事實有所解釋，批判及主張之評論。故與埋頭研究室內所撰之學究的論文不同，在可能範圍內，必求其爲切合於事實之評論。夫社論之重理論固矣。然理論可施諸一般同類之事實，未必切合於某一特定之事實。欲求社論之成爲事實之精密的批判，則精確觀察所採取之事實，乃爲必要。根據曖昧之事實者，決不得爲完善之社論也。不獨毫無事實之根據及根據錯誤之事實，不得爲完善之社論；即對於某一事件或問題，基於單純的觀察之意見，亦易招由視野狹隘而生之偏見與誤謬。反之，從各方面觀察且思索之意見，乃可補救其誤謬。尤應努力排除者，爲獨斷。獨斷易陷於妄斷；其結果，必致斯公衆而失墜報紙之權威。以上僅就社論之定義與內容，略述梗概，自不免簡略之嫌，詳爲論列，請俟異日。

（載一九三二年九月北平燕京大學新聞學系出版新聞學研究）

今日的(日本報紙的)社論的傾向

石濱知行原著

大概說起來，今日的(日本報紙的)社論的傾向，是被統一於所謂廣義的自由主義的規格的。……這是因爲表現着自由主義的色彩，在成爲商品的新聞是最有利的，而且當此法西斯時代，這樣表現，是具有進步的意義之意識形態的，……因而可以滿足大部分讀者——廣義的知識階層。

——節譯自一九三五年十二月號日本評論載新聞社說論——

報紙評論之起源

報紙的要素，誰也知道是「新聞」和「評論」：沒有「新聞」，根本不成其為報紙，沒有「評論」，也不是完成的報紙；這是不待我們加以解釋和申述的。所以說到報紙的「論評」之起源，可以說是和報紙本身同其起源的。最初營着報紙的作用的，為所謂「口頭新聞」。「口頭新聞」，原來是以報告新聞為主要任務的，然而已經不能沒有所謂「評論」的作用了。長谷川萬次郎氏曾說：

「出席於井戶端會議的主婦們，她們的目的，是要在井戶端會議中，得到些關於和她們處在同一社會中的（即同一連棟的長屋中的）異家族，或對於她們自身所屬的社會全體立於對立的關係上的異社會（即比鄰或鄰村）之消息。是把相互報告誰的近況如何及近鄰發生了什麼事情等那樣的報告消息的機關之作用，當作了井戶端會議的主要機能的。但是萬一在這些主婦們之間或在她們的一集團和其他集團之間，增進了對立關係而完全成為敵對的時，則井戶端會議，便忽由報告消息的機關，一變而爲爭論的機關，注重評論，有甚於敘事了。」

所謂「井戶端會議」，是在古代日本社會裏，同一個部落的婦人們，當在井邊汲水時，相互報告消息的集合，如山川均氏所說，雖然，謂之會議，實在是營着報紙報告消息的作用，也就是「口頭新聞」之一形態。然而「井戶端會議」，也有時注重「評論」，甚於敘事，可知報紙的「評論」之起源，是如何地古遠了！

這不僅是限於日本，在世界報紙的發達史上，都是同樣的。例如在英國當「新聞通信」發生以前，流行着所謂「口舌新聞家。」當女皇亨利時代，倫敦的少年，有一種風習，便是在咖啡館，小飯館，一邊吃喝，一邊聽人敘述當時的新聞。所以「吃茶」這一句話，在某種意義上，似乎變做交換「傳說」，「評論」，和「消息」的代名詞了。當時曾有這麼樣的詩句：

「每一口茶，
沾着嘴唇，
太太們的名譽，

掃地而空！

(and, at each lip a lady's Honour dies)」

正是描寫人們在咖啡館和小飯館裏，報告女人們的消息而加以批評之情形的。

又不僅「口頭新聞」是這樣，拿文字寫出來的「筆寫新聞」，也是這樣。例如王安石氏以春秋爲「斷爛朝報」，就是以春秋爲一種「報紙」。但春秋之「一字褒貶」，竟「嚴於斧鉞」，不是在敘事之外，加以「評論」嗎？至左氏春秋傳，每於敘事之後，有所謂「君子曰」如何如何，更是很明顯的報紙「評論」。又如，西洋的筆寫報紙，以羅馬凱薩時代的「元老院報」(Acta，senatus) 和「每日記聞」(Acta diurna populi Romani 按原文似應叫做庶民院報，但因記載每日發生的新聞，所以一般翻譯爲每日記聞）等二種官報爲濫觴，而同時，又有元老院議員羅賽(cicero) 所發行的報紙。據一般傳說，凱薩刊行官報是爲了喚起輿論，控馭兩院，而賽羅發行報紙，是爲了反抗當時的政治的。那麽，在這些新聞裏，不能不含有評論的成分了。

以上所述，是要說明自有營着報紙的作用之「口頭新聞」以來，便是「消息」和「評論」並重的。不過嚴格的說起來，所謂報紙，當指近代的印刷報紙，因而說到報紙的評論之起源，也應該就近代的報紙上所登載的評論之起源來講。

報紙的評論，在英文，爲（editorial）或（Leading artlice）。牠究竟在什麽時候，出現在報紙上？沒有精確的考究。但據賽爾蒙氏（L.M. salmon）在他所著的「報紙和歷史家」（the Newspaper and Historian）中，說，當英國發現了報紙大約百年以後，（十七世紀頃）被稱爲「偉大的英國近代新聞之父」之丹泥爾，第弗葉（Daniel Defoe）在米斯頓發表了的書信體之論文，所謂「書信介紹」（Letter introductory），實爲報紙的評論之開端。而所謂 editor 這一名詞，是美國的波斯頓新聞通信（the boston news letter）於一七二八年四月七日，纔使用於報紙上的。所以評論由與起而盛行，是十八世紀以降的事情。（載二十三年二月十五日北平世界日報新聞學週刊第九期）

（附錄一）關於「井戶端會議」

——答覆江紹源先生的「合理的要求」——

——並附江先生原函——

寫文章，眞不容易，一字一句，都會惹起人家的「吹求」。——這二字恐怕又會使人誤會吧？因爲「吹毛求疵」這一成語的意義是被解釋爲「苛求」的。然而這裏，又是我的「用字自由」，只把它用在「指摘錯誤」的意義上。——前回，因爲在討論報紙爲什麼不完全用白話文的拙著裏，順筆寫了一句我們寫社論爲了要求相當雅馴，不能不費些時間和精神，來證明在報紙上寫文章的人，也不是願意用文言的。誰知這一句和主旨無大關係的舉例，倒惹起了幾位朋友的「非難」。現在呢？又因爲「會議」，「出席」四字，惹起了江紹源先生的「吹求」——當然還是「用字自由」。

事實是這樣，我在本刊第九期中，發表了所謂「報紙評論之起源」一篇短文。內中，引用日人長谷川萬次郎氏在日文雜誌「我等」第十一卷第十一號，所發表的「資本主義社會裏的新聞紙之變質」一文中之一節，關於「井戶端會議」的敘述。意思是要證明在古代社會裏，有所謂「口頭新聞」，而「口頭新聞」裏，也有所謂「評論」。不料江先生却拿研究古代社會的精神，特別注意到我自己沒有注意的「井戶端會議」的本身，到底是一個什麼東西，這一問題；而向我提出用字不合適的抗議。老實說，那一篇短文，是在排字的工友們等着排稿時，急急忙忙寫出的，不僅用字，文章的本身，是會有很多可以吹求的毛病的，像那一句譯詩，順筆寫來，簡直不成其爲詩！因爲那篇短文的主旨，在說明報紙評論的起源，是一種歷史敍述的文字，只要讀者能明白我所要說的事實就夠了，文章上的不求完善，不能算是不忠實於讀者罷？因此，江先生「吹求」我用字不合適，我自己是不能不承認的。不過「出席」是我自己所用的字，「會議」却不是我自己所用的字，而且我用「出席」二字也不是毫無理由：這是不能不向江先生說明的，——也許是强詞奪理。以下先照抄江先生的原函，然後寫出我的「答覆」。

（一）江紹原先生的原函

『友漁先生：

貴報在春節中照常出版，「反動」得可佩。注意我這並不是罵你們：就如清華大學某章程裏的「得」，義爲「得不」，我這次筆下的「反動」只是「不反動」——換言之，只是「革命」之謂。此之謂「用字自由。」

十五日新聞學週刊大著「報紙評論之起源」中，說起日本的主婦們「出席於井戶端會議」。我因而想起所讀過的講暹羅或緬甸的兩書，也說起過各該國的婦女們常在井旁談天和對男子們調情。日本的「井戶端會議」，不知是否與這相同？如果同，那麽，「會議」，「出席」等字樣，似乎不很合用吧？雖則你先生的「用字自由」，我閱報者並非不十分尊重。敢請在下期週刊上，給我一個答覆！但這答覆，最好是不但用我們普通人所用的漢字，而且照我們普通人的用法用它們。彼此中國人，這要求不算不合理。

順頌撰祺。弟江紹源手啓。二十三年二月十五日（注意以上之年月日，均國曆而非夏曆）。』

（二）我的答覆

紹原先生：

關於「井戶端會議」，這一名詞，已經成爲一個十分確定的，非常普通的成語，好像我們說「國民會議」，「國難會議」。誠然，事實上，並不像「國民會議」，「國難會議」之類，有主席，有記錄，還有附議和表決等等一套手續的什麼會議；不過只是主婦們聚在一塊兒「談天」而已。因爲手頭沒有日本古書，不能舉出牠的來源了；—周豈明先生或者錢稻孫先生，也許知其原委，您不妨問一問他們。—好像記得在什麼書上，是這樣解釋：

「「井戶端會議」即是在井邊聚談。各家的主婦們，聚在井邊，一方面汲水，或做着別的工作，一方面互相談論些事情，主要目的，是在交換消息，有時，也發生爭論」。

長谷川氏的文章，大概也是根據這種解釋的。所以他不把「井戶端會議」，認爲一種會議，而取來作爲「口頭新聞」的例證。不僅是長谷川氏的意思如此，大抵的人們，都是持着這樣的意見。山川均氏不已明白地說：雖然謂之會議，實在是營着報紙報告消息的作用嗎？（原文見日文雜誌改造一九三一年七月號六十四頁）

總之，所謂「井戶端會議」只是在井邊談天，—爲什麼談天一定要到井邊？這個，因不屬本文範圍，留在改天再談，—不是什麼會議。—至於和男子調情與否，因證據不充分，未便遽下斷案。—恐怕在古代社會裏，任何地方都是這樣，不僅限於日本，暹羅，緬甸，爲然，別的地方，也未嘗不然。不過日本書上，硬把牠叫做「會議」，相沿已久，成了一種成語，我們沒有方法不照樣採用着。依「會議」二字現在所用的意義解釋，的確是不合適。然而我被「成語」束縛着了，這正是「用字不自由」，而不是「用字自由」！

至於「出席」二字，却是我自己「自由」採用的，應該接受「用字不合適」而非難。然而那也不是憑空造出的。而是翻譯長谷川氏原文之「出場」二字的。「出場」本來可以譯爲「到場」，不必譯爲「出席」。但「井邊談天」，既可叫做「井戶端會議」，參加「談天」的人，也不妨叫做「出席」。好在這裏，不是講社會史，而是講「報紙評論的起源」，用字不恰當一點，不打緊吧？

其實，「會議」，「出席」這些名詞，好像在中國古書，不曾見到過，（就我個人記憶所及）恐怕本來是日本人造出來的吧？那麼，我們雖然用「漢字」，根本就是沿用日文的意義，合適不合適，更不必爭辨了。

總而言之，江先生的「吹求」，引出我這一套廢話，對於讀者，恐怕是有益的罷？因爲不致使讀者們，誤會到日本古代社會裏，已有了像「國民會議」，「國難會議」這類的「會議」！那麼，也不算白費這裏的篇幅了。（載二十三年，二月，二十日，北平世界日報新聞學週刊第十期）

（附錄二）「井戶端會議」問題的枝節

（一）江紹原先生的來信

友漁先生：

承示「井戶端會議」乃日本成語，甚感。然則此種會議與例如「國難會議」之會議之不可混爲一談，殆猶「蜜供議會」與國會街「猪仔議會」之相去有間矣（猪仔只有兩條脚，蜜蜂怕不止罷）。將「出場」（於「井戶端會議」）譯為「出席」，其實頗有風趣；所不能不引為小小不幸者，讀者見上出席而下會議，一不小心，或許便要想到「靜默五分鐘」「本席主張全體出發、向天呈請願」……耳。

關於「井戶端會議」的細情，弟不久當去請教周啓明先生（錢公稻孫，弟與之甚少見面）。此刻却頗想趁便求先生你為我解答以下之問題：我國各報館是否備有充分的圖書，以供館員參考之用？在報館此種設備上，我國與日本以及其他文明國的程度，是否頗相懸殊？又這種設備的優劣有無，是否足以覘一國文化程度之高低？倘仍承蒙賜答覆，最為感謝。

我國古代社會中之（一）新聞交換，（二）評論，與（三）宣傳，弟切盼有人擔任研究。我現很覺得在這研究上，「市井」與「逆旅」極有注意之價值。匆匆不盡欲言。

弟江紹原手上。二十三，二，二十三日北平。

（二）張友漁的覆信

紹原先生：

來信拜悉。關於「井戶端會議」問題，上次，已經交代淸楚，茲不再贅。我忙且懶，不能夠自己翻日本古書，查「井戶端會議」的出處，致勞您的大駕，去請教周啓明先生，不但抱歉得很，而且該打手心！請教周先生的結果，希望告我！如蒙您和周先生許可的話，願在本刊公開發表。

說到報館的圖書設備，當然，中國的報館，也不是一本書，一幅圖都沒有，但是比不上日本及其他各國的。這正如中國的國立圖書館，除却畫棟雕梁，修蓋得堂皇富麗，像一座王宮，像一座古廟，爲日本的圖書館所不及外，說到藏書的多寡，中國簡直像貧兒，日本便是富翁！自然，什麼宋版，明版之類的古線裝書，日本也許不像中國多。因爲現在大人先生們，正在提倡「復興中國文化」，吾儕小民，那敢說中國的文化程度低？我們只能說，無論在社會主義的國家或先進資本主義的國家，他們的報館，差不多都有一個圖書館，至少圖書室；中國的報館，除却極少數的幾家報館外，很少有這種設備，而那少數的報館也不過大抵有一些簡陋的設備罷了！其原因，一方面，是報館經費困難，無力設備；另一方面，是雖然沒有這些設備，也可以敷衍過去。顯然地，這是因爲中國不但沒有走到社會主義的社會，並且還沒有變成十足的資本主義社會。加果你以爲社會的文化之發展過程，（從半路說起）是從封建社會到資本主義社會，最後，纔到社會主義社會，那麼，中國的文化程度，也許比較日本等國低！但在大倡復興中國文化的大人先生們看來，也許這正是中國的文化程度高！在這統制言論的年頭，恕我們這些被統制的人們，不來妄下斷語。還請先生原諒，彼此心照不宣！　完了！

弟張友漁覆，五月。（載二十三年三月八日，北平世界日報新聞學週刊第十二期）

社論也漸變爲解說的了

行石濱知原著

現在成爲報社之唯一發表意思的工具之社論，最近也顯著地漸變成解說的了。與其說是主張，寧說是說明的這種傾向，非常地强。言論是意思之發表。消息速報是傳達的機能，解說是提供材料的機能，決不是發表意思的機能。而這二種機能，占着了現在的新聞之主流。

——節譯自一九三五年十二月號日本評論載新聞社說論——

由消息的眞僞談到天津益世報的失敗

報紙上所登載的消息，都是可靠的嗎？不！決不是的。有的消息可靠，有的消息不可靠。不可靠的消息，爲什麼登在報紙上呢？因爲，第一，我們知道報紙本身是階級社會中之一種階級鬪爭的武器，在牠的背後，常站着一種階級的勢力，至少，也站着黨派的勢力；因而牠所登載的消息，不能不滲透過這種階級意識和黨派意識的作用，隱蔽了或改變了牠的眞像。尤其在國家這東西沒有死滅的今日，國際間的消息，受國家思想的影響，十有八九是靠不住的。第二，報紙本身縱然不願登載不可靠的消息，但因爲受政治的或社會的各種力量之壓迫，常使你不得登載可靠的消息。第三，縱然沒有上二種原因，而要使所登載的消息完全正確，也不容易。人類的知識有限，世間的事象無窮，自非全知全能，誰能把所有的消息，都一見便斷定其爲眞爲假呢？有這種種原因，所以縱然是從事新聞事業的人，只要不是昧着良心說話，沒有不承認報紙所登載的消息，不一定完全是可靠的消息的。

然而關於前二種原因，固然是無可如何的；關於最後一種原因，則應力求避免。報紙的編著，雖然不能斷定一切消息的可靠或不可靠，但在儘可能的範圍內，應力求能夠判斷消息的眞僞，因而發表自己所認爲可靠的消息。常常登載可靠的消息之報紙，可以博得社會的信任，不但對於社會有所貢献，在報紙自身，也是很有利益的。縱然是某一階級或某一黨派的機關報，在和牠的階級或黨派的利益，沒有防礙的範圍內，也應該注意這一事；何況是階級性或黨派性比較地不顯著的營業報紙？可惜中國的報紙，很少能夠注意到這點！因而中國的報紙所登載的消息，其可靠的程度，也就極有限了。

現在我們且來舉一個實例看看，但這決不是對於同業，下惡意的批評。

本年十一月十三日，平市各報曾登載，日本軍用飛機六架，及軍艦二艘，被蘇俄軍隊擊毀的消息。各報大抵都表示着懷疑的態度，有的在「標題」上加以「據傳」二字，有的在標題下，附以「疑問號」。有些讀報的人們，不注意這「據傳」二字，或「疑問號」，便大高其興，謂蘇俄已給日本苦頭吃了。不料午後，負有盛名之天津益世報到平，關於同一消息，竟和平市各報的態度，大不相同。牠的見解，和這般高興的朋友一樣；把這一消息，做爲「要聞版」第一條新聞，用「大字標題」，登了出來。原文如左：

『日軍顯然示弱於俄！

飛機六架，軍艦二艘，被俄軍擊毀；

飛行家二十人，或捕或殺，眞像尙在秘密中。

凌辱甚矣！何竟不聞膺懲聲？

「莫斯科十一日合衆社電」莫斯科今日得一最驚人之消息，日本軍用飛機六架，及海船兩隻，被俄軍擊毀，日本飛行家二十名，或被俄軍拘禁，或被殺死。據可信之靈通方面消息，在十一月三日，有日飛機多架，在海參威附近，越過俄界約三十基羅米達，其中六架飛機，被俄軍擊落。又據該方面消息，日本海軍補助艦二艘，在兩星期前違反命令，駛入堪察加海濱，亦被俄軍擊毀。此地官方對此報告，絕對拒絕討論。莫斯科多數之觀察者，及其他消息靈通方面，均堅持此種事件不能長久隱瞞世界。無論如何，莫斯科對此消息，爲之震驚。多數外國人士及俄人，相信，最近為俄軍所殺戮拘禁之日本飛行家，至少有二十人。此事之全體真像，尚在神秘中。此消息雖日漸流傳，但官方拒絕討論。

「莫斯科十一日電通社電」某方電訊，傳日海軍補助艦隊軍艦兩艘，約於兩星期前，侵入堪察加蘇俄領海時，蘇俄海岸警備隊，雖曾迭加警告，均置諸不理，因是，該項軍艦，遂被俄方擊沉。惟此說來源，現尚不明。」

這樣的標題，和上述有些讀者的意見，完全一致，無疑地是要失敗的。因為事情，沒有那樣簡單的。果然，第二天，蘇俄的塔斯社，便證明該項消息之不可靠了。天津益世報之所以失敗，完全由於一時的感情作用。我們受日本的欺凌，自己不能抵抗，很希望別人能給日本一種教訓。因而一聽到蘇俄擊毀日本的飛機和軍艦，便很高興地，說：「日本顯然示弱於俄」；且奚落他，為什麼「凌弱甚矣！何竟不聞膺懲聲？」感情用事，在新聞記者，是最大的忌避。假使天津益世報的記者，能夠平心靜氣，加以思索，則決不至得到這種失敗的結果。因為：第一，日本軍用飛機，飛入蘇俄領空，蘇俄擊落牠，並不違反普通國際慣例與國際法，原無嚴守秘密的必要。且日機飛入蘇俄領空，蘇俄曾向日政府抗議，而日政府不但不承認有其事，反以蘇俄前後所說日本飛機的數目不符，作爲反證。在這時候，如果蘇俄擊落日機，眞憑實據具在，爲什麼不反脣相稽呢？只要一留心到過去日俄間的交涉情形，便可知這一消息之不可靠了。第二，這一消息，爲莫斯科的電訊，而蘇俄政府對於駐俄外國記者，向外發電，又加以檢查，從消息的來源說，很像沒有什麼不可靠。但我們同時要知蘇俄對於駐俄外國記者的限制，只是不許你故意造謠，中傷蘇俄，並不是所發電報，都須替蘇俄鼓吹。這一消息，對於蘇俄無所謂利，也無所謂不利，故檢查電報的人，沒有扣留的必要。因而從莫斯科來的消息，不一定都是可靠的。另一方面，如果是有這麼一回事的話，如上所述，蘇俄政府勢不能不公表，至少，不能不使塔斯社發表。塔斯社既沒有發表這一消息，則雖然是從莫斯科來的消息，不能絕對地，無條件地認爲確實可靠。第三，在原電報的文字中，本來便表示着半信半疑的態度。根據這種電報來編新聞，更不該武斷地自加確定的敘述，除非你從各方面，證明了這一消息之可靠。總之，天津益世報的這番失敗，全因該報的記者，感情用事，未加深思。編新聞是不能不用思考的，是不能專憑感情用事的。然而天津益世報這一條新聞失敗，並不是每條新聞都失敗，白璧微瑕，不算可恥。我的意思，是在研究編輯技術，並不含一些攻擊同業的意味。（載二十二年十二月十四日北平世界日報新聞學週刊創刊號）

今日的社論不是個人的意思表示

石濱知行原著

今日的社論，決不像從前那樣，是福地源一郎的，福澤諭吉的，陸羯南的，矢野龍溪的，德富猪一郎的，黑岩周六的社論。這些人的意識，在當時，便是新聞社的意識，新聞的任務，便是其意識之社會的主張了。即使在今日，寫一篇社論的，也還是一個人。可是這所謂個人，受着成為整個團體之新聞社的規範或論說團之團體的制約。所以不像從前的社論那樣，是個人之自由的意思表現。今日的社論，不論是像朝日或日日那樣，有專門的論說委員或論說班或是像別的新聞那樣，沒有特定的專門論說班，但總之，是由多數記者所輪流撰作的。這是因為社會事業成了複雜的，而以專門的知識為必要了；同時也是為了妨止論說的偏頗化。社論偏於某一方面，這是商品化的障碍。使具有種種意識的各個人，輪流地寫社論，而矯正社論的意識之偏頗，這也是商品之當然的要求。

——節譯自一九三五年十二月號日本評論載新聞社說論——

論統制新聞

我相信，新聞是階級鬬爭之武器；即支配階級對於被支配階級，在暴力的統制之外，又借新聞，來實行一種思想的統制；同時，被支配階級，也在暴力的反抗之外，常拿新聞來做一種反抗的工具。因而在階級社會裏，支配階級和被支配階級之間，必然地發生新聞的鬬爭（即思想言論的鬬爭之一形態），像必然地發生暴力的鬬爭一樣。在革命的過程中，這種鬬爭，更顯著地暴露着。在支配階級，想要在此種新聞的鬬爭中，獲得勝利，必須一方面，整飭自身的軍容，擴充自己的實力，即增加自身的新聞，且統一作戰的步驟；另一方面，憑藉政治的權力，摧毀對方的壁壘，即對於被支配階級的新聞，威脅利誘，使其投降，否則消滅。這兩方面的作用，便是所謂「統制新聞」；也便是一方面利用能夠利用的新聞，另一方面，壓迫不能夠利用的新聞。階級社會裏的支配階級，無論是封建勢力，或布爾喬亞基，又或是普羅萊特利亞，都必然地要「統制新聞」。所不同者，只是「統制新聞」的人——政府——之性質，和其所採用的統制方法，以及實行統治的程度。譬如在布爾喬亞，德模克拉西的政治形態之下，好像是言論自由的；實則僅是統制方法比較和平，統制程度比較低下罷了；在階級社會裏，決沒有所謂絕對的言論自由。我們可以看到任何布爾喬亞，德模克拉西的國家，都在牠的憲法上，規定着人們有言論自由的權利；然而同時規定着言論自由，須在法律範圍之內。法律範圍，究竟是多麼大的一個圈兒？沒有人能夠確切限定。現在拘束我們的出版法，是法律；所謂「危害民國治罪法」，也是法律。法律的範圍愈廣大，言論自由的範圍，便愈縮小，不必等到普羅萊特利亞獨裁和法西斯蒂獨裁的政治出現，「統制新聞」便已在實行着。澈底一點說，自有新聞以來，便已同時有「統制新聞」。所以階級社會裏的「統制新聞」其本身，沒有討論「應該」、「不應該」的餘地，縱然是不應該，但牠必然地產生了。所成爲問題的，只是：第一，什麽人即那一階級的人，纔有「統制新聞」的資格與能力？纔能獲得「統制新聞」之最後的勝利？第二，在某一特定時期，「統制新聞」，應該採用何種方法？實行到何種程度？關於前者，不是本文所要討論的問題，因爲那個牽及政權的本身。這裏所要說的，只是後一問題。

「統制新聞」的方法和其實行的程度，不是絕對的，而是適應於某一特定時期，各有不同的。例如在階級消滅以後的萬人自由之社會裏，沒有所謂階級鬭爭，也便根本沒有所謂「統治新聞」；在從資本主義社會過渡到社會主義社會之過渡時期，所謂普羅萊特利亞獨裁的政治形態，既已存在，「統制新聞」，便也不能不存在；反之，布爾喬亞政治形態，從德模克拉西的階段，走進了法西斯蒂的階段，便也隨着一般政治的獨裁，而發生了嚴酷的「統制新聞」的事實；至於在布爾喬亞，德模克拉西的政治形態下，對於「統制新聞」的需要，有種種差別。究竟在某一時期，應該採用某一方法，實行到某種程度？這在談到「統制新聞」時，是值得十分注意的。倘或犯了時代錯誤的毛病，那便不但不能收「統制新聞」的成效，反而促成支配階級自身的政權之崩潰。例如莫索里尼「統制新聞」，竟達到「不許毀謗我」這樣的程度！這是因爲戰後意大利法西斯蒂政權的比較鞏固，足以控制民衆，很少有別的强大力量，能抵抗他。但一旦，法西斯蒂政權若有動搖，莫索里尼統制新聞的方法，即也會被推翻。若在本來沒有達到意大利那種程度的法西斯政治階段，而强要實行莫索里尼那種嚴酷的「統制新聞」的方法』正如懦夫扛鼎，無疑地，是要氣盡力絕以至於死的！

同時，「統制新聞」、不僅是「壓迫」而已，並且需要「利用」。意大利所有的新聞紙，在莫索里尼的「統制」之下，分為二大種類：

一、為法西斯蒂黨所公式認定了的新聞紙；

二、沒有受到前項「光榮」的新聞紙。

前者，是為法西斯蒂效力的，由於社長，主筆，幹部之政治的忠誠，而給與了黨的機關報之特權。後者，是對於法西斯蒂政治，不表示什麼反對意見的。即莫索里尼，不僅壓迫新聞，而且利用新聞。想要效法莫索里尼的人們，也不應該只是看到他的一面罷？

中國現在是否已經像莫索里尼統治下的意大利？莫索里尼的法西斯主義，是否適宜於中國，這是一個有待討論的問題。但現在決沒有達到那種程度，因而「統制新聞」的方法和程度，也決不應該完全步意大利之後塵。那麼，應該怎樣「統制新聞」呢？我們不願在這裏，談到具體的方法，因為站在被統制者的新聞記者的立場，不能夠替統制者的政府當局來畫策。所願意說到的，只是歐戰時期英德二國，「統制新聞」的先例。這可以做爲當局的參考。

歐戰中的各國，都入了一個「非常時期」，縱然是大國，也有覆滅的可能。因而無論在對外關係上，或對內關係上，都不能不「統制新聞」。不過統制的方法和程度，各有不同。像英國，是要經過相互的諒解，而達到與論之統一的；反之，德國，是依憑一定的法律，而實行與論之管理的。換言之，英國是自由諒解主義，德國是拘束彈壓主義。

原來，英國是自由主義的祖國，因而也是言論自由的王國，當時的政府，對於言論的取締，不像其他國家之嚴厲。他們不是依據法律的力量，以「統制新聞」，而是訴諸國民的愛國心，以干涉新聞。即政府和新聞之間，實行着理論的鬪爭，那一方面的理論，爲國民所信任，那一方面便獲得勝利。例如大戰開始了的第二年，在政府和北岩爵士系的新聞之間，發生了正面的衝突。政府對於新聞，要求只是傳播利於政府的消息，把這個認爲是走向舉國一致的常規。但每日郵報，首先反對這事情，高喊：「建築在虛僞的報告上之愛國心，沒有愛國心的價值」。因而他便詳細揭發英軍戰敗的情形及其戰敗的原因，——如砲彈不足，爆炸力貧弱，組織不完備等，而對於當局尤其陸軍部，加以猛烈的攻擊。同時，竭力主張軍需品之增加生產與改良，徵兵制度之實施，英法軍相互連絡之確立。他在：「使本國民衆不知道與像的弊害，比較使敵人知道本國的弱點之弊害，要大的多」，這樣的信念之下，毅然，繼續着他的報告和論戰。如果在現在的法西斯蒂國家，也許早加以法律的制裁了；但在當時的英國，只不過訴諸國民的判斷。每日郵報，在那時候，曾被罵做「非國民的報紙」，到處爲所謂愛國的民衆所焚却，發行份數激減，廣告費也低落，而北岩爵士本人，被人錫以「賣國奴」的頭銜。但他本着不屈不撓的精神，始終努力奮鬪而不懈。結果，每日郵報主張之正當，漸爲事實所證明，遂支配了與論，戰勝了政府，而內閣爲之更迭，軍需部爲之新設，徵兵令爲之頒布，一變英軍之作戰能率，而獲得最後勝利。若英國也實行像德國式的「統制新聞」，只使報紙登載有利的消息，繼續着所謂：「西部戰事無異狀」的記載，則英軍沒有改良的希望，也許早被德軍殲滅了。路易喬治內閣成立後，深知「統制新聞」，不在壓迫，而在利用，於是設立了情報部，以彼爾巴布克氏爲部長，設立了宣傳部，以北岩爵士爲部長，實行對德「言論戰爭」之大動員，遂獲得最後的大成功。後來德皇威廉第二，曾慨嘆着說：「我們敗於報紙了！」便是指每日郵報的論陣和其後北岩爵士和彼爾巴布克氏兩個新聞王所實行的宣傳戰之猛烈攻擊。這可以說是「言論自由」，爲英國戰勝之一因。總之，英國式的「統制新聞」，是依據着自由主義的原則的。

至於德國，便不然了。德國所實行的「統制新聞」，是澈底的「統制新聞」。不利於政府或軍隊的消息，完全被禁止登載；關於這些問題的觀察和論評，也完全被禁止發表。並且從外國輸入的新聞，都被嚴密稽查，以至於完全斷絕，於是戰事不利的消息，一點也到不了新聞記者的手裏，更不用說發表了。所以直到一敗塗地爲止，國民都不知道戰敗的這一件事！爲了不使國民知道戰敗的消息，所實行的「統制新聞」，原不限於德國，別的國家，也是同樣。像英國的阿斯基斯政府，就是這樣的。但能夠澈底實行的，却首數德國。而德國澈底實行的結果，則爲當敗勢確定之後，仍不能向協約國方面議和，必至一敗塗地而後已。因爲國民始終不知道本國的軍隊，有戰敗的事實，政府爲什麼忽然要停戰議和呢？當時的德政府，陷入了戰而不勝，則「無面見江東父老」的窘境，只好破釜沉舟，以圖一逞！

試把英德二國「統制新聞」的先例比較，可以知道，沒有嚴厲「統制新聞」的必要、而嚴厲「統制新聞」，不一定是有利的這一事情。尤其在現在的中國，外國的偵探，佈滿了「要津，」一切的軍事上政治上的機密，早爲外國人所洞悉無遺，實行德國式的「統制新聞」，除却以欺罔國民爲唯一的目的外，還有什麽作用？更是大可不必的。對外問題如此，對內問題亦然，統制本國新聞的結果，不過使外國新聞，增加幾份銷路，有什麽用處呢？所以與其採取德國式的「統制新聞」，毋寧，採取英國式的「統制新聞」之爲愈。（連載二十三年三月一日及八日北平世界日報新聞學週刊第十一及十二期）

華北，是言論的沙漠

長谷川國雄原著

說到華北，愈加是言論的沙漠！晉魯方面，非我所知，但在華北的中心地北平和天津所看到了的，則完全處在日本軍部的勢力下，反日的言論，是不容許的。假使衝破這種限制而發表了反日的言論，則在日本，毋寧是求之不得的。所以在中國方面，也是竭力抑壓着反日的言論。

——譯自日文時局新聞第一三六號——

怎樣取締新聞？

五月二十九日北平世界日報，曾載下列一段新聞：

『京各報對中央表示抗議，

因中土條約事，禁令不一！

「本報南京二十八日下午十一時專電」京新中華報等，近以二十六日登載中土條約全文，又被罰停刊三日。惟該條約於上星期五（二十五日）立法院會議後，京內外各晚報均已登出，並未禁止登載，何以獨禁日報登載？且晚報既能刊出，政府亦應負責。京各報以中央禁令不一，儉（二十八日）在中國日報社，開會商討應付，表示抗議』。

我讀後，頗感覺到：「怎樣取締新聞？」在現在，的確是值得考慮，而且必須考慮的一個問題。因爲像目前這樣地取締新聞，造成了黨政機關和新聞界的對立，不但不利於新聞界，並且不利於黨政機關自身。我們決不敢反對取締新聞，更不是不滿意某一特定的個人，只是極客觀地，來討論像現在地這樣取締新聞，是不是合理而且有效？

我們以爲像現在這樣地取締新聞，是極不合理而且無效的。

第一，取締的對象，漫無標準。本來出版法第十九條及二十條所規定不許登載的事項，已經太嫌籠統了；而現在所取締的新聞記事，更遠超出版法的範圍之外！固然出版法第二十一條，曾有：「戰時或遇有變亂，及其他特殊必要時，得依國民政府命令之所定，禁止或限制出版品，關於軍事或外交事項之登載，」這樣的例外規定。然而普通外交事項，像中土友好條約，並不是含有特殊的政治作用之秘密條約，爲什麽不許登載？據說，當局的理由，是立法院還沒有咨復到行政院，所以不應該發表。其實締結普通條約，如果眞要保守秘密，也只應在交涉進行中保守。外交折衝，在簽字以後，已沒有保守秘密的必要，何况立法院已經通過之後？行政院自己的外交代表所締結的條約，提交立法院通過後，已到批准的階段，决不會有什麽變化發生，何必更保守秘密呢？而且既以爲應該保守秘密，即應該由政府機關（立法院或行政院）自身，首先保守起，何以條約原文能夠到新聞記者手裏？又何以外埠報館能接到由南京拍出的電報？因爲對於不應該保守秘密的東西，硬要保守秘密，而政府機關自身，又不能保守秘密，新聞記者當然視「禁令」爲「亂命」，而不肯服從了。政府當局不知自反，而必欲懲罰新聞記者以維持其尊嚴，這決不是三民主義的政府，所應該採取的態度。我們覺着政府要取締新聞，首須確立一定的標準；不應該取締而取締，不但不合理而且是無效的。這裏，還有一個很顯明的事例，便是關於拉西曼報告書問題。拉西曼報告書的內容，本來沒有什麼大不得了。現在發表已久了，日本不但沒有什麼理由來指摘，反倒把已經高唱着的反對拉西曼的聲浪，低沉下去了。這樣的報告書，有什麼不可發表的理由？而且原定四日十日，在南京和日內瓦同時發表，日內瓦既已發表，中國不發表，除了不讓自己的國民看到外，還有什麼用處？然而當局在十二日的晚上，竟通知各報館，不許發表！但十三日，天津大公報仍登載了報告書的第一章，北平晨報也登載了最後一章。據說，當局有第二次命令，只許登載這兩章。這當然是很大的錯誤。因爲要守秘密，就應該完全守秘密；發表一部分，不發表一部分，更易使人發生懷疑與誤會，比較完全發表或完全不發表，要得到更壞的影響。

到十四日後，各報都沒有服從禁登的命令，把全文一齊發表了。當局也沒有什麽話可說。既有這麽一件事在先，當然會有登載中土友好條約的事在後了。這不能抱怨新聞記者跳皮，實在是當局取締新聞，沒有一定標準的弊病。所以我們主張，當局取締新聞，在原則上，應遵守出版法規定的範圍。若在事實上，不能不越出此範圍，也應該有一個確定的標準。

第二，取締的權限，沒有確定。究竟誰應該取締新聞？取締新聞的權限，屬於那一個機關？在法律上，雖然不是沒有規定，但在事實上，却太不確定了。黨部可以取締新聞；行政機關，也可以取締新聞；軍事機關，還可以取締新聞！因爲有第一種弊病，即取締的對象，漫無標準，報館每有一件新聞到手，常不能判斷其可登或不可登；一切都須聽從取締新聞的機關來吩咐。但是，取締新聞的機關，自身也沒有一定標準，全憑一時的意見與感情來決定。結果，報館認爲毫沒有「惡意」的新聞，也會惹出很大的糾紛。例如：北平的報館，接到南京的電報說，航空署，要改航空委員會了。這一電報的本身，似乎不一定包含着中國擴張空軍的意思，報館的編輯先生們，一時沒有十分考慮，登了出去，也許會被當局誤會爲含有「

惡意」！假使取締新聞的權限，專屬於一個固定的機關，那麽，報館還可以事先「請示他的命令！」或「揣摩他的意思！」如像現在這樣，取締新聞的權限，並不專屬於一個機關，你也可以「吹求」，他也可以「責備」，甚而你以爲「是」，他以爲「非」，眞使報館感覺到一國三公，吾誰適從之苦！例如：南京的民生報，得到所謂彭處長者的一段新聞，請示南京新聞檢查所，可否登載？檢查所不過只批了「緩登」二字。但在「緩」了二日「登」出後，竟被行政院直接命令警廳，把該報「封閉」了！又如：北平財政部印刷局，前此發生風潮，津滬各地駐平記者，拍出電報，竟被電報檢查員，給扣留了。在別的國家，也不是看不到有好幾個機關，都得取締新聞。但他們所取締的範圍和手續，是有一定的限制的。例如半封建國家的日本，海陸軍當局，依據所謂軍機保護法，有取締新聞的權限。然而其範圍，只限於保護軍機。決不會因爲報紙批評當局個人，而「封閉報館！」總之，我們主張，取締新聞的權限應該專屬於一個固定機關。其他機關，如果對某一報紙，有所不滿，應請這個機關，依法取締。至於關係個人的問題，只好向法庭起訴。

第三，取締的範圍，太不分明。本來，取締新聞，如果完全依照法令所定的標準，那便不會發生這裏所說到的範圍問題。因爲凡是法令所規定，應該取締的新聞，任何地方取締新聞的機關，都會一致依法令取締。不過在取締新聞，並不依照法令的規定之現在的中國，取締新聞，既沒有一定的標準，便應守確定的範圍，不然，便會發生應該取締而不取締，不應該取締而竟取締，或這一地方取締，那一地方不取締，那一地方取締，這一地方不取締等弊病。例如拉西曼報告書，這一消息，北平的報紙，沒有登載，（晨報登末一章）天津的報紙却登載了（大公報在第一天雖只登一章，但末尾打着未完，原來計劃，一定是要陸續發表的）。所以我們主張凡是關於國際問題，國家大事等有普遍性的消息，以及別的地方所發生的事故（如非依法應該取締）其普遍的取締權，應屬於中央，而不在地方。如果沒有中央的命令，地方取締新聞的機關，不應自作聰明，妄加取締。至少，認爲有取締的必要時，也應該先向中央電陳意見，得到採納與允許，而後實行。現在各地方取締新聞的機關往往對於有普遍性的消息，也任意禁止登載，以致各報館在接到禁止登載的命令，必要首先問「別的地方是否也禁止登載？」這在取締新聞的機關，是無辭答覆的。有時，他們答覆，「當然，也不能登載。」但他無權支配別的地方，假使別的地方之取締新聞的機關，沒有和他採取一致行動，那麽，他所不許登載的消息，在別的地方的報紙，便會登載出來，例如北平不許登載的消息，天津可以登載出來。結果，在沒有登載這一消息的報紙，對不住他的讀者，而取締新聞的機關，對不住他所取締的報紙。報館對於取締新聞的機關，不但怨望而且鄙視了。這在取締新聞的機關自身，也是一種大損失！最後，還有一點應該注意，就是，負取締新聞之責者，决不可感情用事，發現一條不如已見的新聞，便認爲報館含有惡意。須知報紙登載消息，並不是每條都要加以十二分考慮的，因爲那在事實上，殊不可能。例如上邊所述「航空署改組航空委員會」那一類的消息，在報館認爲不過是一條普通新聞，並沒有考慮到牠的嚴重性。而且在資本主義社會商品化的報紙，爲了能夠多賣報，决不肯輕易拋掉一條消息。縱然他故意繞着灣子登載了不許登出的消息，也只是爲了獲利，並不含着惡意。這在外國，也不是沒有的啊！（連載廿三年五月三十一日六月七日北平世界日報新聞學週刊第二十四及二十五期）

彭成訟案與統制新聞

南京民生報，前因登載行政院政務處長彭學沛，有貪污嫌疑消息，經行政院令首都警察廳，處以勒令停刊三日之嚴厲處分。其後，該報社長成舍我，著文申辯登載該項消息之理由，並責難行政院處分之失當。彭氏乃又以所謂「妨害名譽，妨害公務」之理由，在江寧地方法院檢察處，向成氏起訴。經檢察處偵查後，提起公訴。本月十八日，開庭審訊，成氏對起訴書，逐句逐字，解釋反駁，達二小時之久，並呈遞辯訴書，文長萬餘言。法官以案情複雜，須詳加研訊，諭令成氏退出，聽候再行開庭。當日旁聽席上，人滿爲患，要人名流，來者不少，而新聞界尤多；凡聆成氏辯論者，莫不表示同情，當其退出法庭時，竟有數百人，擁前圍觀，途爲之塞。語云：「法律不外乎人情」，與論之所直者，法律當不至以爲屈，何況即就法律言，成氏亦持充分之理由乎？誠如成氏所言：「司法行政權，雖在行政院統治之下，而司法獨立之尊嚴，決不爲政治所左右」，預料法庭必能依據國家法律，而爲公平裁判，俾彼向識我國無法律，無秩序之世界列強，亦知我國之法律有靈，法庭威嚴焉。

吾人既相信法庭必能依據國家法律，而為公平裁判，故於本案是非曲直，不欲多所論列。今所欲言者，首都新聞檢查所，對於本案所持態度，似未盡妥，今後，若無以糾正，則不僅自墮其威信，且影響國家整個新聞政策之效用矣！蓋依出版法第十九條規定：「出版品不得為左列各款之記載：（一）意圖破壞中國國民黨或三民主義者；（二）意圖顛覆國民政府或損害中華民國利益者；（三）意圖破壞公共秩序者；（四）妨害善良風俗者。」第二十條規定：「出版品，不得登載禁止公開訴訟事件之辯論」。第二十一條規定：「戰時或遇有變亂及其他特殊必要時，得依國民政府命令之規定，禁止或限止出版品，關於軍事或外交事項之登載。」是彭學沛有貪污嫌疑之消息，原不在禁止登載之列。況既提起訴訟，並經公開審訊，純屬法律問題，毫無政治意義，苟非當事人辯論，含有「不穩言辭」者，更無任何理由，可以禁止登載。且果有「不穩言辭」者，法官應已停止其發言，或禁止其公開辯論。今成氏既得在法庭。言所欲言，則報紙當然亦無不可登載此項消息之理。乃據報載，首都新聞檢查所對彭成訟案消息，竟均删扣，不知其何因而出此也！蘇俄，非世所謂言論最不自由之國家乎？然而蘇俄報紙，實以「自己批判」，爲最重要之任務。凡服務公共機關，而不能盡職者，報紙未有不指摘之，鞭策之者也。今不許報紙登載彭學沛有貪汚嫌疑之消息，是我國報紙之言論自由，且不及蘇俄遠甚矣。日本輿論，非常爲當局所箝制乎？然近年來，法庭每舉行共產黨公判，各報輒詳載黨人之言論，未聞官廳有所禁止也。彭成訟案之本身，既未含有政治意義，危險性質，今竟不許登載，寧非箝制輿論，有甚於日本耶？義大利出版法，禁止詆毀莫索里尼個人。此爲典型的個人獨裁制國家之法律，非我國所能取法。即使取法之矣，彭學沛亦豈中國之莫索里尼其人哉？

總之，在國民黨一黨專政之中國，勢不能不採取統制新聞之新聞政策。然統制新聞之目的，當在鞏固黨及國家之權力，而非所以維持個人之私利也。彭學沛是否爲民生報所侮辱與詆毀，乃關於其個人之法律問題，與黨及國家無涉。國家機關之新聞檢查所，不應爲此問題，壓迫報紙。今首都新聞檢查所，竟删扣關於彭成訟案之消息，其何以服衆人之心?!宜乎，南京多數報紙，對於開審情形，均不送檢查，自行刊登也。新聞檢查所而與新聞界，形成對立形勢，決不易收統制新聞之效。當局盍亦深思熟慮之乎？（北平世界日報二十二年十二月九日社論）

應該改變删扣新聞的態度！

讀賣新聞社論

為了渡過所謂「非常時，」有統一國論之必要，這是屢為人們所唱導，而且也是我們所贊同的。但對於為了眞使正當的輿論歸於一致，而為必要的事實之報道，政府當局亦加以拘束和抑制的事情，近來顯著地多，這實在不能不說是不可思議的，且不妥當的現象。

還有應該指摘的，是一旦被删扣了的新聞記事，一直繼續到，差不多被懷疑其效用為止，仍不予以解禁的事實。關於特殊事件，在其發生之初，雖是不宜發表的，但這種禁止發表的事情，常是不使繼續太久的。乃最近的實例，則頗多給人以沒有鑑別其必要與不必要之感者。

在帝國內外情勢，很複雜的雰圍氣中，情勢愈惡劣，則使國民正確地明瞭周圍的事物，愈有必要。拘於一時的便宜主義，而要阻止這些事情表現於報上，恐怕要發生不少的流弊，這是不可不知的。……

——譯自一九三四年十一月二日東京讀賣新聞——

如何取締「反動出版物」？

近來，政府對於所謂『反動出版物』之取締，非常嚴厲；查禁書籍，搜查書店，三令五申，雷厲風行。蓋所謂：『反動出版物』者，危險思想，所藉以傳播者也。丁茲『非常時期』，若任其流布，或足以『危害黨國』。政府爲鞏固政權，消弭隱患計，自不能不謀有以取締之。所謂人民有言論出版之自由，非今日所得言矣！

雖然，人類思想爲社會生活之反應，亦即適應社會需要而產生。思想，無論爲善爲惡，莫不有其所以產生之社會的原因。即如世所認爲洪水猛獸之馬克思主義，非在產業革命後之發展期的資本主義社會，決不能產生，即使產生亦決不能流傳於世界，故欲消滅某種思想，必先消滅產生此種思想之社會的原因，否則徒勞無益也。今日，所謂『危險思想』之氾濫於中國，或亦中國社會實有產生此種思想之原因歟。觀夫所謂『反動出版物』之暢銷，則知社會之於『危險思想』，或尙未盡深惡而痛絕之也。故與其查禁書籍，搜查書店，以謀禁絕『反動出版物』而消滅『危險思想』，毋寧致力於社會自身之改造，以消滅產生『危險思想』之原因。

固然，人類思想，亦能影響社會，所謂『危險思想』之傳播，足以破壞現存社會秩序，欲維持現存社會秩序，自不能不防止其傳播。惟思想之傳播，非必依賴出版物。秦始皇焚書坑儒，寧不自以爲得計？然而抱殘守缺之士，儘可恃口舌以相傳授，孔孟學說，未墜於地，自漢以降，爲世所尊，尤其四書五經，幾至家喻戶曉。況現代社會，異常複雜，政令所及，非無限度，即出版物之查禁，亦未必能澈底實行。取締愈嚴，傳播愈廣，僅由公開的合法的傳播，變而爲秘密的非合法的傳播耳。例如德國希特勒政府，捕殺共產黨，焚燬馬克思書籍，其於取締思想，不可謂不嚴密矣。然此次總選，仍有共產黨大撒其傳單。故惟有思想可以戰勝思想，即惟有實行理論的鬬爭，爲防止『危險思想』傳播之道，嚴行峻罰，以取締所謂『反動出版物』，不爲功也。

再退一步言之，即使認爲取締所謂『反動出版物』爲必要，亦必先認淸何者爲『反動出版物』，而後予以取締。若當取締之際，漫無標準，不取締其所當取締，而取締其所不當取締；不就出版物之內容如何，決定其是否反動，而就出版物之著者爲誰，決定其可否取締。則不僅失却取締思想之效力，且將引起社會反響；尤其知識階層，不知何種書籍可讀，何種文章可寫，精神物質，兩感痛苦，失望之餘，或走極端：此所謂『逼上梁山』也，豈取締思想之本意哉？嘗聞人言，某省查禁反動書籍，『馬氏文通』，亦被沒收！至於社會學，社會科學，社會史等類涉及社會二字之書籍，其爲社會主義所株連，更無待論矣！而孫中山先生固謂三民主義即社會主義也！又嘗閱與黨政機關有關係之出版物，亦往往談及唯物史觀理論，稱揚蘇俄建設成績，甚至詳載所謂『中華蘇維埃』之法規，不爲抵觸禁令。而普通書籍，涉及此類事項者，輒被認爲『宣傳反動思想』，『危害中華民國』！寧得謂之公允？愚意，凡非『含有宣傳作用』，『涉及實際行動』之『反動出版物』，其目的只在研究學理，或敘述事實者，不論其爲何種主義，何人著作，不應查禁。日本，世所謂反動的半封建國家也，而於取締『反動出版物』，尙有一定之標準，中國乃竟日本之不若耶！？

最後，關於取締危險思想之處分問題，亦欲有所一言。依出版法第十九條，出版品不得爲下列各款之記載：（一）意圖破壞中國國民黨或三民主義者；（二）意圖顚覆國民政府或損害中華民國利益者；（三）意圖破壞公共秩序者；（四）妨害善良風俗者。第四項與『危險思想』無關；前三項可謂爲取締『危險思想』之規定，然尋繹條文意旨，皆着重『意圖』二字。非有所『意圖』之學問的研究，應不在取締之例。又依同法第二十三條及三十五條規定，違犯第十九條者，不過扣押沒收其出版物，處發行人等以一年以下之徒刑拘役，或千元以下之罰金；雖三十五條，有「但其他法律規定有較重之處罰者，依其規定」之『但書』，似可適用危害民國緊急治罪法。然危害民國緊急治罪法，非對於眞有所謂反革命行爲者，不宜輕易援用。否則大興文字之獄，物情騷然，怨聲載道，非國家之利也！（北平世界日報二十三年六月二十一日社論）

下　篇

蘇俄新聞政策

一

新聞，爲階級鬥爭之一武器。統治階級利用牠來統治社會意識，被統治階級利用牠，反抗統治階級對於社會意識的統制。因此，無論在任何形態的國家，除非根本沒有國家存在，統治階級都是不能不統制新聞的。所不同的，只是統制的方式與程度。迚現在的中國，也來統制新聞了，何況無產階級專政的蘇俄？

蘇俄是公然地，有效地澈底實行着統治新聞的。蘇俄的無產階級政權，不像別的國家之統治階級，在所謂言論自由的假面具之下，實行着新聞的統制。他們公開地主張，新聞應該統制，他們確立了統制新聞的原則；他們在有效地實行着他們的原則。

這一原則，是在Lenin，Stahlin等指導之下，確立着實行着的。Lenin說：

「資本家，以爲新聞的自由，是免於檢閱官的壓迫，及各政黨能夠自由發行新聞的力量。實則這決不是新聞的自由，而是欺騙被壓迫，被榨取的大衆之布爾喬亞的自由。在資產階級社會的新聞自由，是對於富有階層，給與有組織地，日銷數百萬之邪惡的力量的；是給與他們以欺騙貧窮，被榨取，被壓迫的大衆之力量的。這件事，是誰也注意到的自明的事實，但也是誰也不敢有一語非難的事情。」——關於新聞之自由——

又說：

「政治的新聞，在我們的運動上，實爲必要。現在歐洲所叫做政治運動的事情，若沒有政治的機關報，則沒有什麼意義了。所以我們若沒有政治的機關報，便也絕對不能完成我們的任務。」

又說：

「新聞的任務，不僅限於思想的普及，政治的教化，以及政治的同盟之達成：新聞自身，不僅是集合的宣傳者，集合的煽動者，而且是集合的組織者。」——應該從何處開始呢？——

總之，Lenin 以爲新聞完全是政治鬥爭的即階級鬥爭的武器，因而他主張普羅萊塔利亞，充分地利用這一武器，同時，剝奪布爾喬亞利用這一武器的機會。

當一九一七年十月革命後，他首先發表命令，沒收全國布爾喬亞新聞；在命令的開端說：

「臨時革命委員會，在必要上，對於反革命新聞，採取了斷然的處置。有人對於這種舉動，表示反對：他們以爲社會主義者，不應該用暴力，蹂躪出版的自由。但勞農政府，願就下述事實，促起國民的注意。在現在的社會，實際上，僅存在着資產階級的自由。資產階級，壟斷了全部新聞之最大部分，能夠毫無障碍地，毒害理解，混亂大衆。故布爾喬亞新聞，是布爾喬亞最大的武器，這是任何人都知道的。尤其在勞働者和農民的新政府，正要樹立的重要時期，把這種武器，完全委諸敵人之手，是不可能的了。爲什麽呢？因爲在這樣重要的時期，新聞比較炸彈和機關鎗，還要危險。」

Stahlin 也說：

「新聞，是唯一的武器，有了這個武器，黨纔能夠和勞働階級，時時刻刻，交換必要的談話。做爲黨和階級之間的精神的樞機之物，宇宙間，再沒有像新聞這樣便利的屈伸自由的了：」

此外，Comintern 第三屆大會，在對於普羅萊塔利亞新聞的決議中，也曾說：

「我們的新聞，對於其一切的敵人，應常爲黨員所防衞。對於資本主義的新聞，黨員應實行斷然的鬥爭。明白暴露他們的販賣政策，欺騙，隱瞞及一切不正的競爭等，而給他們刻印上明確的標誌。」

以上所述，從 Lenin，Stahlin 的言論，到 Comintern 的決議，可以說是蘇俄新聞政策的原則。在這一原則之下，引申，解釋，則爲：

(一)蘇俄的新聞，是多方面的，是影響於一切建設方面的。

(二)蘇俄的新聞，是政治行動的煽動者，是政治教育的手段，同時，也是統一大衆之社會的能力之武器。牠是培植知識，文化的田園；做為勤勞大衆之社會的統制機關而活動。

(三)蘇俄的新聞，是在國家指導機關和勤勞大衆的連結上，不可缺的機關。

總之，蘇俄的新聞是黨和國家機關之重要的一機構；新聞記者，是黨的指導者和政府的公務員。

二

在前節，我們可以看到蘇俄的新聞政策，是要實行統制新聞的。但是他們的統制新聞，不只是在消極方面，取締新聞，而是同時在積極方面利用新聞的。即在消極方面，也不是像法西斯國家意大利，德意志那樣，毫無理由地壓迫一切言論；他們有一定標準與範圍。以下，試就積極和消極兩方面來看，蘇俄是怎樣地統制着新聞？

(1)消極方面：在消極方面，第一，蘇俄是對於一切的反動新聞，徹底取締，毫不妥協的。像前節所舉十月革命後，Lenin們沒收全國布爾喬亞新聞的例子。第二，蘇俄是對於一切外國駐俄記者所發的新聞電信，都不客氣地，加以檢查的。不像我們貴國，只壓迫本國的新聞記者，而不敢開罪外人！但他們的檢查，標準確定，手續簡便，沒有任意延擱，和扣留的事情，所以外國駐俄記者，並不感覺到十分困難。記得好像是大公報記者曹谷冰氏說過，蘇俄檢查新聞電信的機關，對於送來檢查的電信，隨到隨辦，毫無延擱；並且電信內容，除非有意造謠誣蔑，破壞蘇俄，絕對不輕易删扣。在删扣時，必對拍發電信的外國記者，說明原因；不像我們貴國，可以隨便删扣。第三，蘇俄是對於一切不違反黨的主義之批評和討論，准許報紙發表的。換句話說，即在黨的主義之下，對於某一問題，報紙可自由批評和討論。實際上，恰如瀨川好夫氏所說：

「自己批判之義務——即由建設之見地，批判在建設計劃的實行上之具體的缺點和不規則，占着蘇俄新聞之活動範圍的大部分。他們絕對不抹殺自己的缺點，寧是進而盡量暴露這缺點的根源，分析其原因，而具體地提出除去缺點之手段的。這種自己批判，首先是蘇俄新聞的工作。」

在蘇俄報紙上，我們常可以看到，對於國內建設非常落後的部分，以及各種經濟機關的幹部之行動違反黨的方針的部分，都用很不客氣的言論，暴露的地，加以批判和鞭撻。並且蘇俄的報紙，是公開給大衆的，農工大衆的意見，可以盡量在報紙上發表。他們常說：

「蘇俄新聞，和布爾喬亞各國新聞，所最不同之一點，——尤其法西斯國家之新聞——，是他的篇幅之大部分，登載着讀者大衆自身所發表的意見。讀者大衆，經過新聞的作用，而密切地和社會事業及政治結合着。」

例如，每日發行二百萬份的蘇聯中央農民委員會機關報，農民新聞，每月由農民讀者收到的信件，在五萬件以上，大部分都在該報上發表：其內容關係地方的，便轉給地方報紙，也有的轉交被指摘批評的政府機關，使他們自己去反省和改良：還有的，報館直接寫信去答覆他們的疑問：至於根本不登，塞在字紙簍裏去的，可說絕無僅有！不但農民新聞是這樣，一切報紙都是這樣。各報館爲了整理來信，特別位置着許多職員。此外，還有所謂義務通信員。其種類爲：(一)勞働通信員，(二)農村通信員，(三)黨務通信員，(四)軍人通信員，（

五）同業公會通信員，（六）教職員通信員。他們的工作，是：（一）收集新聞，（二）摘發獨弊及反革命運動。現在全國義務通信員的人數，達三百萬以上。他們的通信，當然也是代表大衆的意見的。總之，在消極方面，蘇俄雖是嚴厲地取締新聞，但是標準確定，手續簡單，而且以大衆的意見爲基礎，所以被取締的人，並不十分感覺到什麼痛苦！

（2）積極方面：　在積極方面，扶助新聞，恐怕任何國家，都比不上蘇俄罷？在有名的第一次五年計劃中，關於新聞的擴大、也有相當的計劃。

（一）報紙總數，一九二八年十月一日五年計劃開始前，爲六百零五種。依照計劃，至一九三三年九月末，可增至七百二十[illegible]種。

（二）發行份數，一九二八年十月一日五年計劃開始前，爲八百八十萬份，依照計劃，至一九三三年九月末，可增至二千七百四十萬份。但五年計劃，四年便完成了。報紙種類和份數的擴大，和其他工業部門同樣，遠超過計劃中預定的數目。即——

（一）報紙總數，增加到六千六百八十三種。

(二)發行份數，增加到三千六百萬份。

再就戰前一九一三年以來，報紙發行份數之激增情形看來，更可明瞭蘇俄是怎樣扶植新聞了。即：

一九一三年	二，七二八，〇〇〇份
一九二五年	七，〇六二，〇〇〇
一九二八年	一二，六三五，〇〇〇
一九二九年	一五，四六三，〇〇〇
一九三〇年	二四，三〇〇，〇〇〇
一九三二年	四〇，〇〇〇，〇〇〇

(按這裏的數字和前舉數字，略有出入，因爲所根據的，不是同一材料。)

從以上所述積極和消極方面情形看來，可知蘇俄新聞政策，固然是統制着新聞，可是牠不只在消極方面取締，並且在積極方面扶助，所以他的統制，是有效的。

（附）本文參考書目（一）全Lenin集第二卷。（二）河上肇，大山郁夫監修：馬克思主義講座第一册。（三）內外社版：綜合新聞學講座第一卷，第四卷，第八卷，第十二卷。（四）喜多壯一郎著：新聞展望台。（五）經濟往來：一九三三年十一月號。又一九三四年五月號。（六）經濟往來：一九三四年四月號附册，蘇俄讀本。（七）新俄羅斯：一九三二年七月號。（載北平民國學院新聞學會出版民國新聞第三期）

（補註）據南滿鐵路公司一九三五年八月出版，蘇聯事情第六卷第二號載：「一九三四年度蘇俄的新聞種類，爲一萬一千四百種：發行份數爲三千六百五十萬份，在份數這一點上，當一九三二年，既已趕上英國了。拿這個，和一九一三年的八百五十九種，二百五十萬份，互相比較，眞是值得驚嘆的！」這是比較新的材料，故補譯於此。

社會化的蘇俄報紙

現在的世界，已經趨向到一切都社會化的路上去，普通的產業，不待說，連報紙也要社會化了。最能代表這一趨向的爲社會主義國家之蘇俄。在那裏，所出現着，存在着的報紙，一切都是「官有」，都是「黨有」，或者「團體有」，總之，是「社會有」，換一句話說，就是「報紙社會化」。在那裏，沒有像一般在資本主義國家那樣，當做私有財產而存在着的「新聞企業」。依靠資本主義經營的方式，而以獲得利潤爲目的之「新聞企業」，在那裏，不許存在。報紙不是當做商品，因投資的結果而產生了的東西，却是當做公衆的生活必需品，而以公共的力量，產生了的東西。在那裏的「新聞事業」，可以說是一種公共企業，可以說是社會的生產機關。縱然，報紙也當作一種商品，出現在市場上，但就蘇俄的現狀而論，則在社會主義國家的蘇俄報紙和在資本主義國家的「商品」報紙，也在種種之點上，表顯着特異性。和營利主義的新聞恰相反對，蘇俄的新聞，在新聞自身的傾向上，在新聞社的組織上，在編輯技術上，都有種種特異之點。

在俄國還沒有變成蘇維埃組織的國家之前，即帝俄時代，「新聞文化」，比較其他文化現象，尤其遠不如西歐各國。在帝俄時代，極端說起來，簡直可以說，沒有「新聞文化」。但蘇維埃政治組織產生後，同時「新聞文化」，便也成爲第一進步的文化現象。報紙，正可以代表新俄國的文化水平。

這種「新聞文化」之長足的進步發達，可從報紙的消費總額和報紙的發行份數之急激的增加率，正確地表示出來。不僅在數量上有顯着的進步傾向，並且爲了利用報紙所具有的「公告性」和「報告之迅速性」，以期 Communism 之澈底推行，把新聞的「型」大體分爲下列各種，而表現着適應於讀者層的特殊性之編輯技術。其新聞編輯上之意識形態，則存在於依據 Communism 而實行普羅萊塔利亞獨裁政治的這一點上。（A）勞働者新聞，（B）以一般民衆爲對象的報紙；（C）指導機關的機關報；（D）職業團體即同業公會等的報紙；（E）農民新聞；（F）民族新聞；（G）共產青年團機關報；（H）軍事新聞；（I）共產少年團機關報；（J）合作社機關報等十種。當一九二三年八月十八日，頒布了掃清文盲的法律，依據這種法律，應利用報紙；和這一事件相適應，而上述各種報紙，便分門別類地出版了。現在全國人民中之百分之四十乃至五十，都爲報紙所教育着，即都讀着報紙而受其教導，在這一點上，報紙比較在學校內所實施的普通教育，更給與了良好的效果。從前，都市居民，平均百分之七十九乃至八十，曾經是文盲。現在呢？差不多都達到了具有能夠讀報的程度之教養的境地了。給與國民以一般教育並期宣傳 Communism 的蘇俄新聞政策，既已收獲了牠的最低限度的效果，而向最大限度進展着。在這種 Communism 的報紙之活躍的裏面，表現着在資本主義國家的立足於營利主義之「商品的新聞」，不能發見和存在的事實。

具有這種新的意義之蘇俄報紙，以莫斯科和列寧格勒二大都市，爲其中心區域。以外，還有以各邦的首府爲中心之各邦的報紙。換句話說，就是莫斯科和列寧格勒爲蘇俄全國報紙的中心地，而各邦的首府又爲各邦的報紙之中心地。試擇要列舉一九一三年以來的俄國報紙之數，則如下表：——

發行地		莫斯科	列寧格勒	其他各州
一九一三年	報紙數	五九	一一九	六三一
	平均發行率	五〇〇	七五〇	一五一
一九二二年	報紙數	三五	一〇	三六三
	平均發行率	六六九	一〇二	四一〇
一九二五年	報紙數	四一	一四	五三一
	平均發行率	二，八三三	五三八	三，九八五
一九二九年	報紙數	三六	一三	七，二一九
	平均發行率	四，七一〇	六〇四	五五六
一九三三年	報紙數	三六	一四	六七五
	平均發行率	九，九八五	一，一六一	一九，九〇五

依據上表，可見蘇聯的報紙的發行率，是一天比一天增加起來的，而一九三三年，尤其

激增，這不待說，是第一次五年計畫中，文化部門的建設之成功。此後，隨着第二次五年計畫的成功，報紙自當更要發達起來。

我們這樣想，蘇俄報紙的這種社會化的現象，將來，決不限於是蘇俄的特殊現象，也許一定可以普遍於世界吧？（載二十二年十二月二十八日，北平世界日報新聞學週刊第三期）

我們的新聞決不唱欺騙之歌

茲烏埃特窯夫原著

一九一〇年初，在彼得格勒活動的布爾塞維克派勞動者間，所曾提倡的發行合法的新聞這一問題，到年末，好容易算是被解決了。即布爾塞維克的合法新聞星的第一號，於十二月十六日出版了。在該號所載社論我們的任務一文中，曾指摘對於言論機關之大的要求和當時之困難的檢閱條件之存在。即：

「社會思想，像受了傷的野鳥一般，想飛而不得飛。……在這時候，開始發刊新聞的我們，決不自欺欺人。我們知道現代俄國的言論機關之立場，不能完全地且明確地報告俄國的生活。我們恐怕是非常地屢屢在認為不應該沈默的瞬間之至，而不得不守着沈默罷！又恐怕是非常地屢屢在有用最明確的語句說話的必要之場合，而不得不用弱的曖昧的聲音說話罷！……但是，我們相信着唯一的事情——

——我們的新聞，無論有怎樣的事情，決不唱那欺騙之歌！」

——譯自列寧格勒夜話——

日本新聞事業概觀

(一)引言

現代社會與新聞事業，有不可分之關係。新聞事業，固爲社會之產物，但同時握有支配社會的力量。尤其在政治上，關係至鉅，支配力亦至大。因布爾喬亞德模克拉西政治，與現代新聞事業，來自同一源泉，即皆適應布爾喬亞社會的需要而產生，而發展，故相互間的關係極密切。布爾喬亞德模克拉西之完成，不能不恃新聞事業的幫助。布爾喬亞政治家，欲達到其政治的，社會的目的，不得不以新聞事業爲工具。反之，欲從事社會的，政治的革命，以推翻布爾喬亞的統治，亦不得不建立新的新聞事業，以與布爾喬亞新聞事業對壘。在變革過程中的中國，無論你對於舊制度，是欲擁護牠，或推翻牠，你都應該去研究新聞事業。何況本來有志於新聞事業，從事於新聞事業的我們！

中國的新聞事業，太不發達了。幾乎沒有具備了現代新聞事業的雛形。自然，這是與社會經濟狀況相適應的。然而我們不能不推動牠前進，正如我們在舊的社會軀殼裏，從事於新的社會之促現。實現這目的之第一步驟，當然是先考究現代新聞事業的情況與性質。因此，我特地東渡日本，對於這新興資本主義國家的新聞事業，加以考察與討究。去年，曾把考察與討究所得，在世界日報與實報發表。雖是粗枝大葉的敘述，然自信，頗足以表現日本新聞事業的眞相與實質。茲特整理修改，輯爲一篇，名之曰：日本新聞事業概觀。

（二）資本主義化的日本新聞事業

——或爲資本主義的近代企業
或爲資本家支配下的商業——

——可憐淪於無產階級的新聞記者——

日本雖然爲資本主義的後進國家，但其資本主義化的速率，却有一日千里之勢。假使我們肯用心考察一下日本產業界的情況，便可知道牠簡直要凌轢執世界帝國主義牛耳的美國；老大衰頹的英國，且幾乎要甘拜下風。在這樣的一個資本主義化的日本，資本家便是實際的帝王，支配了政治，支配了經濟，支配了教育，支配了整個的社會。只有資本家可以生存，只有倚靠資本家可以生存，只有服從資本家可以生存。不然，便須去革命，在死裏求生；再不然，便只好束手待斃！所謂「無冕之王」的新聞記者，在這資本主義化的社會裏，搖身一變，已淪於知識勞動者的地位，受着資本家的驅使和鞭策，縱使不是直接的奴隸，也仍是間接的奴隸。在新聞事業本身，也完全商業化，甚而產業化，直接或間接地，成爲資本家的商業或企業了。什麼「新聞界是社會的木鐸，」「新聞界是大公無私的批評家，」「新聞界是言論自由的」等等陳腐的老學究的濫調，本來就根本不合於實際的事情，尤其在日本，雖然是新聞界自身，也不敢恬不知恥地像我們國內的大記者們之自欺欺人，還在這樣高嚷着了。事實是最好的證據，」我且把日本新聞界資本主義化的實際情形寫出來、讓大家看看。

所謂新聞事業之資本主義化，含有兩種意義：一爲新聞事業本身的資本主義化，即直接地變爲一種資本主義的企業；一爲新聞事業依靠資本家而生存，即間接地受着資本家支配的一種商業的經營。在前者，必須擁有巨額的資本，而爲大規模的經營；在後者，必須俯首帖耳，以服從資本家的命令，求得其餕餘之施與。日本的大新聞，（限於東京，大阪）誰也知道是：大阪系的每日（大阪每日，東京日日）朝日（東京朝日，大阪朝日，）關東系的報知新聞，時事新聞，國民新聞，讀賣新聞，中外商業新報以及都新聞等。朝日和每日，可以算是本身資本主義化了的新聞。朝日資本爲六百萬元，每日資本爲一千萬元，（實收七百五十萬元）。其設備，建築，及機器等的完備，以及營業的發達，駕乎一般企業之上。在這兩家新聞，有翹然獨異於一般新聞之特點，即爲彼自身之資本，足以維持其自身之生命，而無所仰賴於其他資本家。故常若能言論自由者。尤其朝日之六百萬資本中，村山龍平社長一家，即占二百四十五萬，上野氏一家，占一百四十萬，其餘爲社員所有，故能不受外界之支配。但此所謂「言論自由，」此所謂「不受外界之支配」，僅爲在一定限度內的相對的用語。村山龍平氏本身即爲資本家，即所謂「新聞資本家，」自必不能不擁護資本主義制度，即關於資本主義之是非問題，有意無意中，必不能拋開階級意識，作推倒資本主義之主張。又朝日新聞，本身爲一企業，以獲利爲其最終之目的，則對於一般資本家，在「妨礙獲利之程度內，」

」必不能不求與之妥協。例如對於廣告主，必不能作不利之記事與批評。至每日之資本，則一千萬中，三菱系即占六百五十萬，社長本山彥一，佔二百六十八萬萬，其餘爲一般股東所有。因資本所從出，爲資本家，故擁護資本主義制度及資本家的利益亦較力，而常帶有較濃厚的資本家御用報紙之色彩。

朝日和日日之資本主義化的程度，不僅在東洋，便和西洋的報紙比較，也正像拿日本這個國家和西洋衰老的資本主義國家相比較一般，駸駸然有後來居上之勢。他們兩家資本主義高度化的結果，能以短的時間，得多的消息，以節約的勞動力，和生產費，爲大量的生產，即是所謂「新聞企業的合理化」之實行。別的報紙，當然沒有方法和他們競爭，一切個人的，政派的報紙，漸漸沒落與死亡，還勉强撐持着門面，爲最後掙扎的，也只有幾家第二種資本主義化的商業經營之報紙，即前面所舉的時事新報，報知新聞等。

時事新報　資本額四百五十萬元。大部分出自三田慶應資本家。即交詢社系之資本閥，就中尤以去年曾演大罷工的「鐘紡王國，」爲事實上的支配者，因而時事新報，可以說是極反動的資本家之「御用報紙」。

報知新聞，資本額爲一百一十萬元。雖然，最初爲政派的言論機關，但最近却歸於出版資本家講談社主人野間淸治所有。內容也變得陳腐瑣屑，不堪寓目。

國民新聞的資本額爲三百萬元。曾經以報界名宿德富蘇峯之如椽大筆，騰譽於過去的社會。但是編輯先生的地位，隨着時代的變遷而低落，國民新聞，終不免賣給東京有數的資本家根津嘉一郎，而逼走了老氣橫秋的蘇峯。

讀賣新聞，資本額爲一百萬元。（?）牠背後的資本家爲三菱系資本家鄉誠之助一派。

中外商業新報，資本額爲一百五十萬元。背後資本家爲三井財閥。因而不但反對社會主義，便是社會政策，也爲其痛烈攻擊的目標。此次反對勞動組合法的態度，即其顯例。據傳說，編輯先生們，如有像一根毫毛般細的不利於三井之記載或批評，便罪得社長去負荊請罪！

都新聞，資本額爲一百三十五萬元。牠的所有主即社長，是股票交易所的大經紀福田氏。那麼，牠的資本從何而來，不問可知了。

以上這些新聞，除却本身也是資本家所有外，因爲資本較薄，更不能不仰給廣告主的「照顧」。誰也知道，廣告費的收入，差不多要佔報館全收入的二分之一以上，報館的生命之得以維持，全恃廣告費。因而商業化的報紙，以兜攬廣告爲第一事，自不能不仰承廣告主的鼻息了。此所謂廣告主，當然是指那最大的顧主，即大企業等能多出廣告費的資本家的機關，不是指那些登「小廣告」的人們。因此，在日本的這些報紙，第一，是對於出版資本家，十分恭維，除了照登他們的廣告外，在什麼書籍介紹等欄裏，也常含一種廣告式的推許；其次對於醫藥家，百貨店等，也是同樣的恭維，人們常把各報的醫藥週刊，家庭週刊等，錯認做廣告版，便因爲週刊的內容，彷彿是廣告！

總而言之，日本新聞事業的資本主義化，已成爲顯著的事實，一方面，新聞事業的經營者爲資本家，一方面新聞事業之維持者，亦爲資本家，結果，新聞事業之目的在營利，大則爲近代的企業，小則爲普通的商業：而資本主義下的企業或商業，必然地走入集中或集合的一途，新聞事業之將來，也不免大者吞併小者，或小者聯合爲「托辣斯」之形式。獨立的小報館，只有沒落。

不僅是日本，即產業落後的中國，也已顯露着這樣的趨勢，從南到北，從北到南，看一看，要筆桿的朋友們的小規模報館，是否像前些年的雨後春筍般的發達？我很替我們的新聞記者朋友們担心，我們的前途，也不外是一個賣身勞動者，切莫以「無冕之王」自豪了！

——一九三一，五，二，東京——（載北平世界日報）

（二）東京日日新聞社參觀記

到東京後，首先去參觀的報社，便是東京日日新聞社。該報社設於東京市內，麴町區，丸之內，有樂町，一丁目。十一番地。麴町區爲東京中心地帶，丸之內，尤其商業繁盛，建築宏麗，以與市外之板墻竹籬相較，眞有隔世之感。該報創刊頗早，遠在距今六十年前之明治五年二月二十一日。與日新眞事誌（今已停版）郵便報知新聞，（即今之報知新聞）同爲東京最早的三大新聞之一。創辦之初，原設在淺草區代地，後來一再遷移於日本橋區元下阪町，銀座一丁目，煉瓦地，都是租賃別人的房屋爲社址，想來，也許和我們的實報差不多吧？明治七年五月，在銀座二丁目，建築社址，明治九年又遷到尾張町的一之一，還不過是舉路藍縷的時代。直到明治四十年三月十二日，纔移到現在的有樂町新社址。社址是很堂皇而堅固的六層洋樓，就我在平津所見到的報社，還沒有這樣的建築。因而我便聯想到東京無產者新聞之可憐。據人們說，前此勞農黨創辦無產者新聞時，不過是做屋二間做編輯室；印刷，委托於印刷局，和我們所曾經營過的小報，十分相同。可知有錢的人在任何事業方面，都能表現着他們的力量。中國是產業落後的國家，拿來和資本主義的國家比較，正和無產者和資本家比較是一樣的，所以整個的中國新聞界，不能夠和資本主義國家的新聞界，絜短論長。

到該社後，一進大門，便是號房。司傳達的，爲一位中年婦人和一個髫齡小姑娘。問了我的來歷後，小姑娘便「冒西冒西」地向樓上打起電話來。既而領我到三樓上的客廳，會晤該社的外報部記者，長岡克曉氏。長岡克曉君，是五十餘歲的人了。能夠說中國話。據說從前曾在奉天，北平，住過不少的年頭。晤面後，寒暄了幾句，便請他領我去參觀。

出了客室，向右側走幾步，便是電傳照像室，室內所建電傳照像機，爲日本國產品，即日本電氣公司丹羽博士所發明的新機，據說較歐美出品還要進步。電傳照像，現在，只實行於東京大阪間。到達時間，僅需十二分鐘，比較用火車寄送像片需時十二小時，用飛機，也需二小時半，實在快的多了。

出電傳照像室，經編輯部的門外，逕入圖書室。編輯部正在編輯夕刊，故不便進去打攪。據長岡克曉君告我，合東京日日新聞，大阪每日新聞兩社，編輯部職員五百餘人，女編輯有四五人，工作都很忙迫；所需用的紙，筆，墨水，也很多；原稿紙，本社內，每日需二萬張，支局和通信部還需三萬張，合計爲五萬張；鉛筆，每日需二百枝，鋼筆一百枝，毛筆八十枝；墨水，紅的六升，黑的三升，合計九升。這恐怕是小報館一年用不盡的呢！

圖書室規模不十分大，可也差不多是我國報社不易見到的了。除參考書籍，各種雜誌以外，其報紙材料之剪粘，亦極周密而完備。長岡君曾自架上抽一頁示我，則爲剪粘張漢卿之像而附以授勳的記事之日日新聞。又以剪粘日本無產黨的記事一冊相示，也稱得源源本本了。本來，這種剪報工作，在報館是一種必需的工作，我國大報館，也大都實行，不過一般報館，還多不甚注意。

從圖書室繞到銅版部，日人謂之寫眞製版部。銅版部在國內大報館，也差不多都設備起來，可是比較東京日日新聞社，是不能望其項背的。該社共有攝影員二十名，每日到各方面攝影，把像片送到銅版部製版。製版的技師也是二十名，技術精巧，僅經十分鐘，便可製成亞鉛版。銅版部這名詞，我是採用了成語，實則普通雖然是用銅版，東京日日新聞社，卻是用亞鉛製版的。當我們到製版場時，技師還正忙着工作呢。長岡君指已製的版告我，自攝影到印到報紙上，須經過六種手續。

既而乘電梯上五樓。五樓大禮堂，正開英文講習會，不便進去。該社的禮堂有時自行召集講演會，有時借給別人用，每日沒有空閒。走上六樓，就是屋頂平台。長岡君指一屋讓我看，見畜養着很多的鴿子。他說：「這是傳書鴿，在電報和電話不便的地方，便須用鴿，例如由仙台到東京，火車須走十點鐘，鴿子只飛四五點鐘，不但可以帶稿子，還可以帶像片。」

那屋裏設着幾層木架，分為若干鴿巢。鴿子們，大抵是一雙一雙地，營着一夫一妻的生活。平台的邊上，樹立電燈牌一方，長岡君說：「這些電燈的燈光，可以綴成文字，在夜間報告新聞，和號外的功用相同。」

從電梯下降，達二樓，向旁邊走到鑄字部，——日人謂之活字鑄造場。場內設備楊姆生式鑄字機十二架，每架每分鐘，能鑄百字，每日合計可鑄四十餘萬字。該報每日所用的字，只用一次，便又另鑄，所以字跡常新。

又折入排字房，這時正在排夕刊。有工人百數十名正在忙着工作。就中有不少的女工。不像編輯部的寥若晨星。大抵日本女子，不像我國的就職難，不過只能夠做一般認為下等的職業，並且是凡下等職業，只應該女子做，若說到高等的職業，卻輪不到她們的頭上了！該社職工，共計二千八百十五名，派到外國的，超過百名，編輯營業兩部各二百數十人，其餘便是報差，夫役，和工人了。工人爲數頗不在少數，只檢字的便有一百二十名之多。校對部鄰於排字房，亦有女職員數人，校對員有方進餐者，則爲一大碗麵條，所謂「支那所巴」者是，日本人以爲是美味。

離排字房到機器房。機器房在樓底地窖內，轟轟機器聲，震耳欲聾。印刷機共有九架，六架爲超電光高速度機，三架爲更新式的美國阿爾浩公司之布羅達古雄印刷機。這些印刷機，每一小時，可印報十二萬張。回想我們所辦的報紙，每小時僅印千餘份者，不禁有霄壤之感。機器，全恃電力，紅綠電燈，照耀閃爍，管理機器者，僅工人三五人。機器愈進步，工人愈多失業；而管理機器的工人愈少，其破壞的力量之大與所佔的地位之重要，也愈增進，由此事可以看出來。

既而到紙版部，報的份數一多，便不能不用鉛版，這差不多是報界都曉得的。不過掛於輪轉機的鉛版需要圓形的，所以打紙版，尤爲必要。普通所用紙版，大抵爲濕性紙版，每製一張，須經十二三分鐘；日日新聞社的紙版，是乾性紙版，只要二三分鐘，便可製造，很省時間；製紙版的機器，也很精緻，由紙版再鑄鉛版，是用一種新式自動鉛版鑄造機，每一分鐘，可製鉛版六個。

報紙窖，卽在機器房旁。每捲紙重一百四十貫（一貫約當我國一百兩），展開長一里二十七町（一町，三十六丈），可印報二萬五千份。由窖置小輪手推車上，循地面敷設的鐵軌，一直推到機旁，以備印刷之用。從機器房登樓，便是廣二百坪（一坪，方六尺）的發送場。場的地板有四穴，印就的報紙，從穴上昇，由機墜落，每五十張即有一張稍橫以爲誌。職工們，將五十張爲一搭，整理包紮，擲於自動移送帶上，順流而下，墜於樓底的運貨汽車裏，分運於全市內外的二百餘個派報所。該社運貨汽車有三十餘架，速度都很快。計由報紙印就後到墜落於汽車，不用三分鐘，至運到各處，至多也不過數十分鐘罷了。

排字房，鑄字房，機器房，發送場，以及紙版部等，合爲一大工場。工場的購置，建築設備等費，合計四百萬元，誠可謂一大工場了。連當長岡克曉君，導我參觀時，也曾有一度迷路，東也碰壁，西也碰壁，好容易纔找得出路。營業部，沒有能夠參觀，只從門口窺一下子能了。營業狀況，不得而知。報的銷路，據長岡君說，去年一月一日為一百一十一萬九千份，今年一月一日為一百零四萬份，略為減少，大概是受了不景氣的影響，但仍不失為銷數最多的報紙。

參觀既畢，又承長岡君，飲我以咖啡。乃辭出歸寓。走筆寫此，以實實報篇幅。——一九三一，一，三一，東京（載北平實報）

(四)東京朝日新聞社參觀記

日本報紙，最有勢力的，當推大阪系之大每，東日及大朝，東朝四報紙。幾乎有左右全國輿論之勢力。但大每，東日與大朝，東朝二報的主張，不盡相同，相互間有最激烈的競爭，也只有牠們才配互相競爭，別家報紙，不能夠和牠們並駕齊馳。當我參觀了東京日日新聞社以後，已嘆觀止，等到又參觀了東京朝日新聞社，才知道將來握日本報界霸權的，或者還要輪到朝日的頭上呢。

二月十七日下午二時，我赴麴町區有樂町二丁目三番地朝日新聞社參觀，承大西齋君招待。我開始提出了幾個問題，請他答覆。

第一，朝日的資本數目和來源。第二，朝日在政治上的主張和與政黨的關係。第三，朝日的報紙發行部數和營業狀況。據大西齋君說：「資本總額，東京及大阪兩朝日，合計六百萬元，雖然名義上是股份公司，但大部分股本都是社長村山龍平君的。至於各職員如我們這些編輯們也是小股東。政治上的主張，是取中立不倚的態度，和任何政黨，都沒有關係。發行部數，說，是，一百萬，但的確的數目，在各報社都是守秘密的，編輯部的人，不能夠完全清楚。營業狀況很好，紅利可得一成五分。」在大西齋君的答語中，我們可以看出朝日和東日，在資本數目，營業狀況，都是相伯仲的。東日的資本實收數為七百五十萬元，而朝日為六百萬元；朝日的獲利在一成五，而東日也在一成以上；朝日發行部數和東日發行部數，都說是百萬。二者，不同之點，據我們所聞於一般人的，第一，東日是反民政黨的，朝日是準民政黨的，不過，朝日也不一定替民政黨說話，譬如此次幣原代理首相問題，議會亂鬪問題，勞動法案修改問題，朝日對現政府，均表示不滿的批評。本來，在資本主義制度下的報紙，和政黨同爲資本家所支配，不必互相有主從的關係，如必謂朝日爲民政黨系，未免膠柱鼓瑟。大西齋君說，朝日和任何政黨無關係，就這種意義上說，未嘗不含着相當的眞理。實在他們的異點，還是在主張方面，朝日是比較進步的，東日是比較保守的這一點上。第二，東日的大股東，雖爲少數的，却總爲多頭的，所以改革上，不很容易，而常含有一些惰性；朝日的大股東便是村山龍平氏個人，無論想怎樣改革，都是比較容易的，其所以有進步的傾向，也由於此。

我說到要參觀，大西齋君，便請一位專管引導人們參觀的職員來，陪我去參觀，因爲這位職員，對於一切都了解，都能加以詳確的說明。

離開客廳，先乘電梯到屋頂，也和東日一般，有鴿子房，畜着傳書鴿子百餘隻。我順便問到朝日有幾架飛機？他說，有十八架。這恐怕在歐美報社，也是少見的事。從屋頂降至七樓，有大講堂，可容一千二百人，差不多每日都有會開着，或是該社召集，或是借給別人。降到六樓，也有大禮堂，正在試演電影。那一職員說，現在正是讓警視廳檢查影片，不然，可以請進去看。該社每日差不多都演着電影。繞到五樓，入新聞紀念室。室的四壁張貼着世界有名的二百五十種報紙的紙型。中國出版的報紙，僅有已經長眠窀穸的順天時報一種。室旁，別一室，爲展覽會場。自三號起，便開名畫展覽會，正在準備着一切。室的外側，像樓窗外的欄杆一般，佈置着電燈牌，即所謂電光新聞，像東日屋頂的電燈牌坊一般，是用以在晚間報告新聞的。此外，還有會議室，倉庫，也都在五樓。再降到四樓，爲論說委員室，社長室，電話交換室，自設電報局，食堂，廚房，編輯室，計畫室，圖書室等。此等設備大抵與東日相類。其自設電報室，可以和各國直接通電報，電話。並設東京大阪間的長途電話，曾費安設費三十萬元。未到編輯室，即下三樓，入電傳照像室。室內設德國柏林壬爾斯凱公司製之剛爾路斯，西米斯式電傳照像機三架。每架值日金六萬七千元。三樓再降，便爲工場。由三樓之窗向外看，即可見籠罩工場的穹窿玻璃屋頂。二樓，爲排字室，紙版室，鑄字室，校對室，發報室，大抵均類於東日。鉛字常備一千萬個，每日用過的，便銷毀另鑄。紙版分乾濕兩種。濕性紙版製成，至快須經七分鐘，乾性只須三分鐘，和東日所用者彷彿。鑄字機有十餘架。每架，每分鐘，也可鑄一百二十個字。就中，有三架，購自德國，價值各一萬元，餘為該社自製，各需費五千元。發報室臨通衢，常有自備汽車十八輛供馳驅，所以很迅速。再下二階入地窖，為印刷室及鉛版室。更下最深最暗處，為印刷機的下部和報紙室。設備和工作情形，也與東日相類。印刷機有美國公司製造的高速度輪轉機十二架，每架每點鐘可印報八萬份。後又增設電光輪轉機三架，每架每點鐘，可印報十二萬五千份。據說該社創刊的時候，所用的印刷機，是所謂普通的奧特福特平面機；到明治二十三年，纔添法國的瑪瑙里式輪轉機一架，一小時也不過印報兩萬份，拿來和現在的電光機相比，眞有霄壤之別了。

最後那位職員又邀我回到四樓，和大西齋君相會，承大西齋君邀我到食堂吃茶。食堂大概是包給別人營業的，大西齋君曾買食票，而同時外來吃茶的人也很多。我又提出幾個問題：（一），報社職工共若干人，有無女子？（二），職工待遇各如何？（三），社長曾否兼任他事？那位職員答覆：「職員和工人合計一千四百餘人，工人中女子不少，做檢字排字等事；職員，只有女編輯一人，女事務員三人。職工待遇比較優渥。職員薪俸，至少每月七十元，幹部人物的生活，比縣知事和議員還要好多咧；工人多者每月百餘元，由中小學卒業初入社者，也每月二……三，四十元。社長只兼管大阪朝日和東京朝日的事，再不任其他職務。」

我忽然聯想到近日來東京印刷工人的爭議，便更追着問，「東京各報的印刷工人，待遇都這樣高嗎？」大西齋君笑說，『恐怕除却大阪每日，朝日，東京日日，朝日以外，待遇都不甚好，且有時要拖欠工資，這是因爲報社本身的經濟困難。』

誠然，東京二三流以下的報紙，都已陷於岌岌不可終日之境地，所謂大資本壓倒小資本的定律，自也適用於新聞界啊。當我辭出，還承那位職員送至大門。他又告我，『大西齋君，在中學時代，便很有天才，所以一入本社，便受優待，他的文章，幾乎沒有人可以刪改。』出社後，回視該社樓房，高一百二十尺，共樓八層，爲一千九百年後的最新式建築，以之比較東日，也有新舊之別。該社創刊於明治二十一年七月十日，係由大阪朝日接辦『自覺新聞』而改名的。當時，社址分兩處，事務所在京橋區元數寄町二丁目一番地。印刷所，設同町三十間蝋，同年十一月，移於同區瀧山町四零五番地。大正九年十一月，又在同町一，二，三番地，建設四層樓的新屋。現在的社地，是昭和四年纔落成的。以今視昔，眞有茅屋廣厦之感了。

發行刊物，除朝刊八版，夕刊三版，地方版二十八版之報紙外，還有定期刊物，朝日週刊，朝日年鑑等多種。總之，該報社爲日本報紙中之最進步的報紙，殆完全脫却封建社會的藏屣而踏入資本主義的道路了。——一九三一，二，一三，東京（載北平實報）

（五）東京第一流新聞社參觀記

東京最大的報紙，朝日和日日二家情況，我已經先後將參觀所得，發表過了。人們或者會猜疑到日本的新聞界，大抵都是和朝日，日日二家情形，不相上下吧？因爲我們常聽到東京有六大新聞，而且在我們的國內，所見到的東京報紙，好像有些還較朝日和日日的內容更好似的。其實全不是這麼一回事。我曾經說過，東京甚而全日本，資本不甚厚的報紙，現在都有岌岌終日不可維持之勢，有的連工人的工資，都在積欠着；將來，會全被朝日和日日壓倒，所謂大資本吞併小資本的定律，在新聞界也是適用着的。東京的報紙，就牠的勢力上分類，一般人都認爲有三個等級，第一流當然是朝日和日日，第二流，爲報知新聞，時事新報，國民新聞，讀賣新聞，中外商業新報，前四者與朝日及日日，即所謂六大新聞，（或以讀賣新聞爲第三流報紙，而數中外商業於六大新聞內）。第三流爲萬朝報，都新聞等數家。但即所謂第三流，也可以拿來和我們國內的第一二流新聞並駕齊驅，像我們國內的小報一流的報紙，在東京是很少看到的。有的話，便是，不定期或者週刊半月刊之類，以敲詐爲目的的東西。

在第二流的報紙中，以報知新聞的資格最老，以時事新報的銷路最露，而讀賣新聞，則爲完全以營利爲宗旨的報紙；這三家在日本也擁有相當的勢力，前二者從前似乎也可數爲第一流的報紙。

我到東京之初，原是先到時事新報社參觀去的，因爲繼續參觀了朝日和日日，願讓國人先知道日本新聞界的可驚的資本主義化的傾向，所以先發表了那兩篇參觀記，而把時事新報的參觀情形，沒有馬上寫出。現在又參觀了讀賣新聞社，就把這二處的參觀結果，合做一篇第二流新聞社參觀記。此所謂第二流新聞社者，是指事業的規模而言，當然不是對於報紙內容的批評。

時事新報，社址在麴町區八重洲町一之一，距朝日和日日都不甚遠。那天，我從神保町乘電車，到馬場先門下車，步行到該社的門前。在未到朝日和日日二家之先，當然見到時事新報的社址，也便要驚其闊麗了。社址爲樓房，樓下爲營業部，櫃台周繞，若大銀行然。我進門後，向號房說明來意，他便打電話到樓上去，請我在接待室等着。營業部男女職員有數十人，狀甚忙碌。那時，是下午二時，大抵準備發行夕刊了。不久，有一青年社員，來導我去參觀。他大概是專管這件事情的罷？先到二樓，入排字部，鑄字部，製版部。排字部有女工數人，爲我國報館所罕見。鑄字機二十餘架，鎮日鑄字不稍停息。據導我者說，『因求報紙的清楚美觀，鉛字，大概每日須換新字，所以鑄字極忙。』製版部係製照像亞鉛版者，規模較朝日和日日爲小。但所製亞鉛版，也甚精美。既而到鉛版部（即製紙版者），電氣室，鍋爐室。鉛版部所製紙版，仍爲濕性紙版，不若日日及朝日的乾性紙版爲快。電氣室，係用東京市電氣局的電氣而自設一個社內的總機關。鍋爐室卽機器發動的總機關，一切機器所需要的汽力，都以這裏爲源泉。最後，到地窖下的印刷部。印刷部共置高速度輪轉機八架，每架，每小時，可印八萬份。八架全開動，共可印六十四萬份，但以之比較每小時印報十二萬五千份或十三萬份，乃至十五萬份者，瞠乎後矣。將辭出，問到發行的份數，導我者笑着回答「這在報館，是不能發表的秘密。」

時事新報的銷路，在東京市內及附近，是有相當勢力的；不過在各地方的銷路，便遠不及朝日和日日了。牠也是除了朝刊一版至五版，和夕刊一版二版以外，還有地方版十五種。最可稱述的，是海上版的發行，卽每日在太平洋的客船上，發行海上新聞，供給旅客們以消息及趣味的文字。據說現在歐美的報紙，發行海上新聞的，也不過英國和美國，各有一二家罷了。

時事新報爲福澤諭吉所創辦，爲三田慶應系資本家之機關報，握支配實權的，爲紡織業之「鐘紡王國」。在創辦當時，爲較進步的報紙，到現在，却變成保守的，反動的了。同時，也和一般報紙一樣，脫不了狹隘的國家思想。因而人們會疑到牠是保守的黨派的言論機關報；然而有時牠又反對過於保守的主張，因而人們又會疑到牠是較新的政黨做後台老板。最近他對勞動組合法案的批評，是介在朝日和日日之間，大體贊成政府的修改社會局原案，而又忠告資本家不要太固執，可以表示出牠的中立態度。（自然，這是適應牠的主人翁的要求的。）此外，自不景氣問題發生以來，牠對於經濟問題頗注意，一般讀者，都稱許牠對於經濟事情記載的詳細。可是牠有一點毛病，就是和普通日本人的脾胃相同，好說中國的壞話。對於中國事情，喜歡登載而不求其精確。這却不如朝日新聞的比較慎重了。總之，時事新聞還不失爲日本有數的一報紙。

其次，說到讀賣新聞。讀賣新聞設在東京京橋區，銀座西三丁目，一番地，距朝日新聞不甚遠。二月二十一日，我於細雨濛濛中，赴該社參觀。承三苦亥吉君出而招待。先到編輯部。這時候，正在編晚報，輯編們工作極形忙碌。室之一隅，有女編輯一人，方振筆疾書。三苦亥吉君告我，她是婦女部編輯。全編輯部內外勤及校對合計約一百人，女編輯僅此一人。出編輯部即到樓下排字部和印刷部。此外，無若何可以參觀之設備。只有講堂，球場和食堂等，無參觀必要。印刷部有機器五架，最大的一架，據說每小時可印十二萬五千份，其餘四架每小時各可印八千份。製紙版的機器頗佳，東京每日新聞（為與大阪每日新聞無關係的第三流以下之新聞）的鉛版，也是由該社機器代鑄。該報每日只有朝刊，沒有夕刊，惟在星期日，特別發刊夕刊一大張，並附極華美的畫報。據三苫亥吉君說：「銷路是每日三十萬，」比較朝日和日日，可謂大相懸殊了。該報因在政治消息方面，不能與朝日們競爭，所以特別着重於社會消息，家庭婦女及文藝，一般不很關心政治的人們和家庭婦女，都很歡迎牠，所以有人說：讀賣新聞是「婦女文藝新聞」，正如說：都新聞是「花柳新聞」。

——一九三一，二，二二，東京（載北平，實報）

（六）日本新聞聯合社及其他

日本新聞聯合社，近被停止拍發電信問題，在我國國內，已鬧得滿城風雨。在日本則尤其重視，幾乎成為外交上之問題。以一通信社，而竟值得一般人這樣重視，其自身必有可被重視的價值在。在我們新聞界，固然，誰也曉得，日本的通信社，當推新聞聯合社和電報通信社爲領袖。但在一般人，也許還弄不淸楚新聞聯合社，究竟是怎樣的一個東西呢。我願意把我對於新聞聯合社的考察和認識，貢獻給國人。同時，並把日本通信界的現况，做一個簡單的叙述。這也許是讀者們所願知道的吧？

在資本主義社會組織之下，新聞界，也必然地走到了資本主義化的道路，那是毫無疑義的。尤其是通信社，他的消息沒有能夠直接和社會見面的機會，也不能夠向社會發表什麼動人聽聞的主張。自身的存在之意味，完全建築在給各報供給消息這一點上，因而他不能不努力於消息的搜集，便不能不有完備的設備，也就是不能不費較大的經費。固然，通信社，不必需要大報社那麼多的資本，但像我國的「一枝鋼筆，一塊鋼版」的通信社，在現在的世界各國，恐怕很少見呢。並且通信社本來含有一種獨佔的性質，因爲如果有一個消息靈通的大通信社，其他的小通信社，便無法和他競爭；記得當我拿着剪刀和漿糊時，曾不客氣地，把很多的小通信社的通信稿，送進了字紙簍。日本的資本主義化的通信社，當推電報通信社。

他是股份公司的組織，原有資本爲日金一百萬元，現在的財產，當已超過了這個數目。每年的收入和支出，各在七八萬萬日金以上。可以說是東洋第一個大通信社了。我初到東京的時候，曾經去參觀過一次。本文着重在新聞聯合社的介紹，並且他們兩社的情形，相彷彿，所以不再對於電報通信社，有所贅述了。

和電報通信社有對抗的力量的，便是新聞聯合社。在國內，在國外，都是立在競爭的地位。新聞聯合社的前身，爲國際通信社和東方通信社。東方通信社，從前在北京和電報通信社的競爭，異常激烈。記得我在世界日報做編輯時，曾有一次，在編輯室，聽到東方通信社北京支社給我們報社打電話，要求我們採用他的消息，自謂他的消息比較電報通信社眞確。原來那時候，因爲電報通信社的中文稿很文從字順，東方社的中文稿却常支離破碎，所以各報社幾乎盡採用了前者的消息。

東方通信社原爲大川幸之助等所經營；國際通信社，則爲現在的藏相井上準之助等所創辦：於大正十五年五月，合併改組爲日本新聞聯合社。這次的改組，完全爲各新聞社的採訪組合，不是營利性質，也不是一黨一派的機關。最初，是東京日日新聞，東京朝日新聞，報知新聞，國民新聞，時事新報，中外商業新報，大阪每日新聞，大阪朝日新聞等八家報社聯合辦理的。到昭和四年後，大阪東京以外的各地方有力報紙，加入的也不少。社務是公推理事十四人管理。現在負責任的人，總務爲東京日日新聞代表岡崎鴻吉；編輯局長爲朝日新聞代表緒方竹虎；專務理事，爲岩永裕吉；庶務部長爲大川幸之助。這種各報社聯合而辦理通信社的事，在日本，爲開一新記元的破天荒之舉。他的利益，最顯著的是：(一)各報社雖然各有牠的背影，但聯合而辦的通信社，却不能戴任何一家報社的有色眼鏡去採訪消息；反之，他是要依着各報社的各自的需要而供給不偏不倚的消息的；所以這種通信社的消息，要比較地完密而確實。(二)，大凡辦通信社的人們，不是做一黨一派或一個人的宣傳機關，便是爲了營利；那麽，要想，從通信社的消息得到十分眞確而無作用的消息，便很不容易；但各報社，自已聯合辦理通信社，除了爲採消息，並無其他的目的，於所採的消息，應該是沒有什麽作用的。(三)，各報社要從各方面去採訪消息，比較的不經濟，聯合辦一通信社，從經濟方面着想，也是比較有利的。但是這裏所謂消息的周密而眞確，只是相對的，而不是絕對的。因爲這些聯合起來的報社，都是站在日本的愛國思想和擁護資本主義的主張的基礎上的。那麼，他們所合辦的通信社，在不動搖這兩個基礎的條件下，仍可以有不眞確的消息。其實，他們採取消息，反常常地是根據著這兩個基礎做標準，所以關於國際間的消息，弱小民族的消息，以及勞働階級的消息，在有意或無意間，都會有「造謠」的嫌疑或事實。我國社會，幾乎把日本的通信社，都看做是專門造謠的機關，未嘗不是他們自取。

我在上禮拜，曾到新聞聯合社，參觀一次，且承該社的庶務部長大川幸之助君殷懃招待。

該社社址，在東京麴町區內幸町的一之五，即日比谷公園的對過，日本國會的左近。規模不像電報通信社那麼宏大。內分營業部，編輯局，電氣室，寫眞室，圖書室，打字室，印刷室等。

編輯局，在二樓，內又分爲內國通信，外國通信及經濟通信等各部分。當我到該社參觀時，爲下午三四時許，工作正很忙碌，編輯局職員百餘人，有的走筆如飛，有的打電話不輟。據大川幸之助君說，該社各處職員共三百三十餘人，除大阪支社及國內外各地特派員外，總計共二百餘人，而編輯部即佔一百三十人，但有一部分爲外勤記者，如外務省，內務省等處，便每日常駐二人，警視廳，則有六人之多。電話機甚多，通話極靈通，有專用電話，可以通話於外務省，內務省，警視廳等三十八處。又有一機，可以同時報告各報社。此外，各機，有專備緊急消息的接收與報告者，有專供日本東京市內消息的接收與報告者，與各地方，亦有長途電話或電報的聲息相通。電報由自設電氣室接送。電氣室即在編輯局的旁邊，電報的頻繁，只就其向國外打電，每月竟達一萬數千語之多，即可見一斑了。電氣室附近，又有寫眞室，即我國之照像製版部。大川幸之助君，曾出孫寶琦之遺像示我，固儼然一孫大鬍子也！

在東京總社和大阪支社間，並採用電送寫眞的辦法。但該社沒有電送寫眞機，是利用舊遞信省的機器。樓下，一部分爲營業部，一部分爲打字室和印刷室。打字室打字員，大概都是女子，有數十人之多。每頁稿都係先經打字室打就，然後交印刷室油印。油印機大小共二十餘架，印刷速度極快。大川幸之助君，曾以當日的稿子讓我看，還在陸續編印，而已經有數十頁了。據說，每日發稿數十次，共有百餘頁。內容，爲政治，社會，經濟等十餘門類。該社經費，每年約開支十餘萬元，都由各報社分担。收入，只有關於經濟消息的傳播之公司，銀行及商店的報酬。當我參觀完畢，告辭離社之前，曾和大川幸之助君閒談片時。大川君曾久居北平，任東方通信社的記者。談到邵飄萍和林白水之死，深加惋惜，因謂我國言論不自由。然而日本的言論，也何嘗絕對自由呢？重要的消息，不是嘗被警視廳停登嗎？

因爲有電報通信社和新聞聯合社，獨佔了日本的通信界，所以別的小通信社，都佔不住了。在東京不過有十數家小通信社，而事實上，都是做着廣告介紹的營業，像我們國內的廣告社，不成其爲通信社了。這便是資本主義經濟原則的適用，獨占與集中。（按最近聯合通信社又改組爲同盟通信社，電通亦將加入——編者補註——）——一九三〇，三，一，東京

（載北平實報）

日本的新聞

加爾・普萊富薩原著（原文載俄文日本）

一九三二年，日本的定期刊物，（雜誌除外）有六千三百零一種，其中，日刊新聞，占一千一百二十四種，而日刊新聞中的二百八十種，是在東京府和大阪府所發行的。東京，大阪，在新聞發行事業上，所以具有第一義的意義，除却上述事實，還可拿具有全國意義的新聞，都只在這兩個都市發行這一事實來證明。

東京和大阪的新聞

最近二十年間，日本新聞事業發展的特殊性，是在少數大新聞康迭爾（Concern）掌握中之各新聞的集積。第一應該舉出的這種康迭爾，便是現在互相競爭着的「朝日」和「每日」兩大新聞社。「每日的股本，是一〇，〇〇〇，〇〇〇元；「朝日」的股本，是六，〇〇〇，〇〇〇元。在「朝日」新聞康迭爾中有：「大阪朝日」及「東京朝日」；在「每日」新聞康迭爾中有：「大阪每日」和『東京日日」，這兩大新聞社，除了日報外，還都發行許多週刊，月刊，及關於各種問題的年鑑等。又爲了各地方，發行各新聞的地方版，於首都新聞外，揭載各地方的新聞。兩「朝日」共有五十以上的日刊地方版；「日日」和「每日」，也有同樣多的日刊地方版。「東京日日」和「大阪每日」共發行二百萬份；朝日（東京朝日和大阪朝日）共發行一百五十萬份。東京及大阪的大新聞的特徵，就是廣告欄，航空部的設立，在廣告競爭上，所表現的大廣告的刊載。兩新聞社，都在歐洲，亞洲，美洲的最重要地方，各派有通信員。東京和大阪的兩個「朝日」，各統制着二十乃至二十五個地方新聞，而這些各地方的新聞，各冠以該都市名稱而附加上「朝日」的名稱。例如：所謂「名古屋朝日新聞」等。「每日」的股東，都是對於大阪工商業，具有種種利害關係者之有勢力的代表者；而對於擁有一千一百十九名股東的「每日」，「朝日」的股本，大部分是「朝日」新聞社的代表者村山和他的助手上野所握有，其餘股東則爲該社內的編輯和職員。成爲出版公司的朝日是一最大的獨占企業。該公司擁有通東京大阪間的私有電話線，又有自備飛行機，實行着東京大阪間之旅客運送。

其他發行數目較多的新聞，有：「報知」，「國民」，「時事」，而與「東京朝日」，及「東京日日」共稱爲帝都「五大新聞」。實際，後三種新聞，在其資本額上，及發行的份數上，都較前二者相差甚遠。計「報知」，發行五十萬份，「時事」，「國民」各發行約在三十萬份左右。

到一九二九年爲止，「國民」，是在名新聞記者兼歷史家的德富氏管理下的，後由鐵道大王根津氏代替了，現在他爲這新聞的實際所有者，總股本的四分之三爲他所有（譯者按現在更轉移爲新愛知新聞社所有了）。「時事」由於它的創始者福澤諭吉（布爾喬亞科學的宣言者）之名而著稱於世。但現在不過佔五大新聞中的最後地位。儘管是發行的份數比較的少，但上述三新聞，都不但在東京，就是在地方，也有相當的勢力；「國民」有二十五地方版，「報知」有二十地方版，「時事」有十五地方版。

上述各大新聞外，在東京，還有些小的日刊新聞發行；也有份數雖少而相當有名的。可列入這一種類的，有三井康迭爾之鞏固的金融新聞，「中外商業新報」，（股本金二，〇〇〇

，〇〇〇圓）。還有這些新聞中最普及，而且在政友會財政部管理下的「都新聞」。在東京新聞界佔有特殊地位的，是「日本」和「大和」；兩報都受法西斯蒂各團體的補助，而發行的份數都不多。

地方新聞

地方新聞中最有名的是：在名古屋發行的「新愛知」和「名古屋新聞」，在九州福岡發行的「福岡日日」，在扎幌發行的「北海泰晤士」；這些新聞在地方的規模上都最大，發行份數，也都在十萬至十五萬；但它們至多，普及到兩三縣為限，其結果，僅具有地方的意義。東京和大阪各新聞的勢力，伸展到地方的結果，小新聞不待說，甚至地方的大新聞，也漸漸，失掉了勢力。地方新聞的平均發行份數，不出三千份至五千份以上。

新聞康迭爾及克洛布之政治的傾向和利害關係

現在的大新聞中，沒有一個是一政黨之公然的機關報那樣的新聞。甚至一個政黨財閥的領袖，佔一席於新聞，他們也不一定能始終決定當作他投資權利的對象的該新聞之政治的傾向。不僅這種，甚至有些新聞，因新聞的所有者，屢屢變更，結果，新聞的傾向，或色彩，也會因而變更。日本的許多新聞之無主義無原則，歐美「黃色新聞」之最惡的型式的模仿，低級趣味之追求等，這一切，連在布爾喬亞的新聞事業，也決定低級的水準。

在地方除了少數例外，各新聞半是公開的政黨機關報。但不管是首都的政黨新聞，或地方的政黨新聞，其特徵都是要自己隱蔽其方向的傾向；因此，不拘任何新聞，都給「不偏不黨」的假面具所隱蔽住了。爲了這種欺騙，一般所實行的方法，是在細微的問題上，攻擊本黨所組織的內閣。

兩「朝日」是一大商業企業。這些新聞自創立的當初，即在日本商業新聞的先驅者村山氏的掌握。「朝日」的傾向，在內政問題上，是自由主義的；這是基因於爲了發行份數的增大，要迎合小布爾喬亞的意見之該新聞的指導者之欲求的。「朝日」的自由主義的傾向，主要表現在下一點。即該報成爲要擴大小布爾喬亞自由的各種團體的先驅者。「朝日」的讀者階層，是極爲混雜的；在智識階層及一般的小布爾喬亞階層之間，具有大的影響。「大阪每日」「東京日日」是格外的大「無主義」的新聞，而從其傾向和性質說，可與「朝日」截然區別。在大阪工業資本家及金融資本家，參加該報這一事實的本身，既已預先決定了該報的根本傾向了。

「每日」和「日日」，第一，是大阪布爾喬亞的發言機關。它在對內政策上，尤其對外政策上，是反對過度「自由主義化」的。「每日」在對外政策的各種問題上，更澈底地採取日本布爾喬亞的方針；在對內政策的範圍內，與「朝日」的自由主義，不相容。該報當擁護大資本家利益時，必訴於小布爾喬亞的保守主義。「報知新聞」在過去，是憲政會的機關報；而在最近，又成隱然的民政黨機關報，民政黨的指導者，就是該新聞的主要股東。至一九二八——一九二九年時，舊股東有一部份退出，因而該新聞遂為「雜誌王」野間氏所經營，結果，多少失去了黨派的色彩；但是對民政黨的關係，至今，還沒有斷絕。「時事」是具有穩和保守主義傾向的新聞。「時事」的最大股東，是對於電氣工業具有最大的利害關係的福澤一族。最近數年間，三井康迭爾及染織工業家的勢力也逐漸地侵入於「時事」了。該報的特徵，專在對美，這完全基因於日本電氣工業受美國資本强大的影響的事情。「時事」現在的一特徵，是主張自由貿易，這是由於代表染織工業利益的股東集團所產生的。「國民新聞」因爲前所有者德富氏曾與軍部發生關係，帶有着堅强的軍國主義色彩，故被人評爲反動的極保守主義的新聞。由於它的傳統且與軍部之不斷的關係，其結果，這新聞直到最近，仍保有這種色彩。

「中外商業新報」，因屬於極保守主義的三井康迭爾，故在對外政策上，擁護對華强硬外交，在對內政策上，主張保持現社會的基礎於不變的形態上。

在東京，政友會的公開的機關報，是「中央新聞」；而「每夕新聞」和「二六新報」也屬於此。以政友會的資本所經營的「中央新聞」，發行份數極少，僅僅一萬五千份；可是由政友會議員所監督的「每夕」「二六」兩新聞，在地主，一部份俸給生活者，及落後的勞動者間，相當廣泛地普及着。在這些新聞中，尤其是「每夕」，盡量刊載各種時事消息，而基於階級協調主義，高唱社會的公正。

「讀賣新聞」，爲曾任警視廳刑事課長的正力氏所經營，在它的性質上，是「警察」新聞，而從警察政治之中，採取偵緝上的事件，做爲引人興趣的材料。

「萬朝報」是政友會系新聞之一，發行份數很少，在對外政策上，因要誘惑一部分讀者階層，而暴露英國和美國的情形。

「都新聞」是帶着半文藝的，半誨淫性質的較老的新聞，最近在政友會支配之下，廣泛地普及於小商人，藝者，青樓主人等之間。

一九二五年創刊的「日本」，是帶有法西斯蒂傾向的極反動新聞；日本極端愛國主義者，及法西斯蒂諸要素，以該新聞爲中心而團結。它的特徵是公然敵視蘇聯，揑造對於蘇聯的種種消息，鼓吹排外，大亞細亞主義，日本國內對於赤色危機的鬬爭，以及對忠君愛國的精神之涵養等。（譯者按，該新聞一九三五年夏間已停刊了）。

所有地方大新聞，完全爲各黨派所分割。政友會系新聞的「新愛知」，與民政黨機關報的「名古屋新聞」，正在做着競爭，而「福岡日日」和「北海泰晤士」也同樣的變成政友會的機關報。

英文新聞

形成這種新聞的是：（一）用英文刊行的日本新聞。屬於這類的，有日本外務省的半官營新聞，「Japan times」，英文版「大阪每日」和「東京日日」；（二）美國的新聞「Japan Advertiser」和牠所屬的週刊，「Trans Pacific」——（在東京發行）——（三）英人所辦的日報，「Japan chronicle」及在神戶出版的週刊「Chronicle Weekly」。在政府補助之下而經營的「Japan times」，是爲了僑日的外人，且爲了向外國介紹日本而經營的。代表美國在遠東的利益的「Japan advertiser」，在外表上，採取着對日關係上的友誼的方針。反之，「Japan Chronicle」，則對日本政策毫不客氣的批評着，因而被日本人批評爲反日新聞。「Chronicle」從傾向上說，是舊marehester式的新聞。上述各報中，最廣泛地爲人所讀的，是英文版「日日」及「每日」。二者，都是從一九一一——二三年起出版。發行的份數，達二萬份。「Japan times」，有七八千份，「Advertiser」及「Chronicle」發行的份數更少了。

勞働者新聞及工會新聞

日本的勞働者新聞是在極困難的狀態下存在着。社會法西斯蒂的機關報，是以破壞勞動運動爲任務，而努力要把帝國主義的布爾喬亞影響，及於勞働者社會的。像這樣的新聞，絕對不能認爲是爲了勞働者而辦的新聞。屬於這一類的，是改良主義派的合法新聞，「勞働農民新聞」（社民黨左翼機關報），「日本大衆新聞」，（社民黨中央機關報），「社會民衆新聞」（社民黨右翼機關報）等。可是這些新聞，雖是合法的存在，而牠的讀者，僅是以勞働官僚，或上層勞働者爲限。

工會新聞百數十種，然而牠的普及，只限於很狹小的讀者範圍內。因爲左翼新聞被禁止了，所以在廣泛的勞動者層，沒有興味的改良主義的機關報，比起左翼工會的機關報，發生得較多。在工會新聞中，流行最廣而普及的，是「全國農民協會」的機關報「土地與自由」這一新聞。

通信社

現在日本有兩大通信社：「日本新聞聯合社」（或略稱「聯合」）及「日本電報通信社」，（或略稱「電通」）。在國外通訊上，「聯合」佔第一位，而在國內通信上，「電通」佔第一位。在國外情報的領域中，「電通」只能在中國方面，成爲「聯合」的重要競爭者。「電通」，除中國外，在任何地方，均無支社的設立。在「聯合」沒有成立以前，（一九二六年五月以前）事實上，在日本，沒有所謂在外的通信機關。從外國來的所有情報——除去各報專屬的特約通信員外——一切或主要是由路透分社供給。「聯合」和「路透」及「塔斯」的分社，締結着交換合同。「聯合」的新聞領域，不僅限於國外情報之擴大，（現在向日本來的一切外國情報，和自日本傳出的一切情報，都統制着，）在牠創立後不久，便着手國內的情報，結果，在最近，「聯合」和「電通」之間，爲了獲得「國內市場」，强烈地鬬爭着。

一九〇一年所成立的日本電報通信社（電通）在某一期間，是曾蒙了從路透社得到的情報，分配於日本各新聞之職能的；至一九〇七年，又和美國「合衆社」分社訂立合同：「電通」又是首先與南美洲和法蘭西成立聯絡的先驅者。自一九二三年開始，又能從巴黎迴聲報得到法屬非洲各種情報；自一九二五年起，從法蘭西的駐外機關得到情報。

電通社與政友會及軍部都有關係，最近正伸手于中國方面的大活動。電通之所以在中國佔有特殊堅固地位，那是在受政府補助的原因之外，還因電通具備着能夠搜集各種新聞的比較有系統的組織的原因。供給中國新聞的日本情報，都經「電通」傳達。對於大部分購買國外消息和東京消息的地方新聞，電通之所以能保有大勢力，也就是因爲該社自始便專門做着日本內地各種情報的搜集，和向地方新聞的供給的緣故。而牠不僅供給地方新聞以情報，同時就是東京各新聞，也採用牠的情報。至最近數年，聯合也採用了電通的方法，從事於情報事業，然而在這方面的活動範圍，「聯合」的規模，還是遠遜於「電通」的。（譯者按聯合現已改組爲同盟通信社了）。

最主要的雜誌

（一）「改造」：是具有在日本，最廣泛地普及了的自由主義傾向的政治文藝月刊雜誌；是日本人所最愛讀的。雖是非常無主義的雜誌，但爲增大發行的份數，關於政治上的根本問題，常整然發表所有政治傾向及團體之最有名的代表者（從法西斯蒂至共產主義者）的論文，故得成爲智識的豐富源泉。

（二）「中央公論」：是和「改造」同一型式的月刊雜誌。主要是致力於日本對內政策及對外政策的各種問題的。和「改造」不同的，是比前者發行份數較少，且被認爲是比較「左翼的」。

（三）「經濟往來」：是致力於世界經濟和世界政治的諸問題之較廣泛地普及的月刊雜誌，與「中央公論」，「改造」比較，是採取右翼的立場的。（譯者按該雜誌已改名爲「日本評論」）。

（四）「外交時報」：是專門研究對外政策上的各種問題的半月刊雜誌，和外務省有密切的關係。

（五）「東洋」：是主要在研究日本向滿蒙發展的各種問題的月刊雜誌，帶有反蘇聯的性質。

（六）「日之出」：是爲好戰的軍國主義（Militarism）代辯的低級雜誌。（轉譯自日文版日本之政治二三五——二四七頁）

（按本文原是一篇有價值的名著，值得研究日本新聞者一讀。不過所採取的資料，稍嫌不甚充分與精確，如東洋經濟新報記者所批評；「……………例如，在新聞編中，遺漏了專門雜誌而舉出了日之出那樣的東西！」的確是一種毛病。這是我們應該注意的。）

沒有指導精神的日本報紙

稻原勝治原著

日本的報紙，甚至連在美國所說的意義的「黃色報紙」都不是。美國的「黃色報紙」，還具有着其所以成爲「黃色報紙」的哲學。反之，日本的報紙，即當做「黃色報紙」說，也不徹底，而當做社會的木鐸的事業，也不一貫着；要之，所謂新聞製造之指導精神，若是有的話，也像亂麻一般，沒有頭緒，簡直可以說是沒有能。

只要營業部叫做，便不能說一聲不做的，是現在的編輯部。從前也曾有過編輯部壓制營業部的時代和報館，但現在，編輯部變成營業部的委任統治地了。所以被壓迫得沒有表示可否的餘地，這是資本主義支配了新聞事業的目前應有的現象，沒有訾議的必要，但也沒有稱贊的必要罷。

——節譯自一九三六年三月號中央公論載近頃的報紙。——

東京的三大新聞

現代的新聞事業，已經成了一種企業了。在新聞事業發達的日本，尤其是這樣。像東京朝日新聞和東京日日新聞，他們的資本都在數百萬乃至一千萬日金，依照一般企業上的原則，大企業是犧牲中小企業而發展來了的；所以大新聞也是犧牲中小新聞而來了的。朝日和日日，差不多要掃滅了一切新聞而獨霸東京的新聞界了。

不過新聞事業和別的企業，多少有些不同，就是具有比較別的新聞相當特異的性質和領域的某種新聞，縱然資本的規模，比較小，但仍可以存在而發展著。（這種情形，在資本主義社會的一般商品的法則，本來也是同樣，不過在新聞事業，更比較顯著罷了。）因爲這種原因，所以東京的新聞，除却朝日和日日二大新聞外，時事新報，報知新聞，國民新聞等第二等的新聞，都有些動搖乃至衰微，而比較他們資本少的讀賣新聞，反倒追隨朝日和日日，而成爲東京三大新聞之一了。所以現在在東京的新聞界中，所謂代表的新聞，當然要數朝日，日日和讀賣三家了。

因爲這三大新聞，都是布爾喬亞階級的新聞，所以他們的職責，都在製造有利於布爾喬亞階級的輿論，無論是對外或是對內，他們都是要喚起輿論，使擁護布爾喬亞階級的利益，固然在表面上，他們裝着和布爾喬亞階級沒有深切的關係。在擁護布爾喬亞階級的利益，這一點上，三大新聞沒有什麼不同。但是一羣大新聞的任務，在原則上，固然相同，在細目上，却也各有各的特色。如果，毫沒有特色的話，那豈不祇有一種新聞便夠了嗎？還要好幾種新聞存在幹什麼？所以朝日，日日和讀賣，這三大新聞，也在同一原則之下，另外各有各自的特殊之存在意義，在布爾喬亞輿論的範圍內，營着一定的分業的任務。

說到朝日，牠多少帶着一些自由主義的特色。這一種特色，適應着日本布爾喬亞自由主義者階層乃至一般大衆之間的布爾喬亞民主主義的要求。在這一點上，比較別的新聞，具有較大的魔力。且這種自由主義的慾望，在現在的日本，還是最大多數人民的要求。所以朝日新聞能夠在知識階層和勞働階級間，都比較地普遍化，每日銷路，達六十萬份以上。

反之，日日新聞，是極暴露的反動新聞。這種反動的要素，還爲封建的意識形態和神秘主義所支配。在封建勢力還殘存着的日本社會，這一種反動的新聞，當然也爲一部份落後民衆所歡迎，支配階級更不待說了。所以牠的銷路，據說比朝日還多，每日達一百萬份之多。讀賣呢？却又和上述二者，多少有些不同。讀賣，不像朝日和日日那樣，具有普遍的特徵。牠的特徵，只在吸取布爾喬亞文化，做爲牠的特徵。從來，便以所謂「文藝新聞」爲特徵的存在的理由之讀賣，現在，更加擴大了這領域，而把科學，宗教等等一般的文化，都吸收進來了。這種特徵，把中心的讀者，主要地限定於知識階層和學生。不待說，一般人不是都不讀這一種新聞，但大體上說來，讀賣是知識層和學生的新聞。

試拿事實上的例証，來考察這三大新聞之特徵。例如本年夏間所發生的日本文部省和京大教授瀧川幸辰間的問題，在日日是很明顯地擁護文部省，反之，朝日却表同情於瀧川教授，至於讀賣呢？不在記事和評論中，表示牠的特殊的主張，只是在文藝欄，動員了各方面的意見，作一種比較有系統的討論。

因爲他們各有各的特徵，所以雖然同爲布爾喬亞新聞，站在同一的原則之下，而相互間仍不免有不可避免的衝突和鬭爭。這正是資本主義自身所不可避免的現象，結果，他們的欺瞞仍相互地暴露在大衆之前，失掉了大衆的信任，以至陷入於滅亡的命運。——一九三三、一一，二〇於故都（載一九三三年十一月二十三日太原華聞晚報紀念增刊）

東京各報之「東京版」戰

東京新聞界的販賣戰線，像每年過年過節例須舉行的慶祝一樣，是以時時發生狂囂作用爲常的，最近由於增加所謂「東京版」而起的販賣戰，便是一例。到現在爲止，在八社（東朝，東日，讀賣，報知，中外，時事，都，國民）協定的名義之下，暫時表現着走入了妥協的軌道，但由於所謂「東京版」的誕生，東京新聞界的販賣戰，又把各報社趕到無政府的病的興奮的競爭之泥沼中去了。……發行「東京版」的，是在上述八社中，除去中外和都二社以外的六社。即爲了維持或獲得在東京的讀者，而於向有的篇幅外，另增二頁，登載和大東京市民生活有直接或間接的關係的新聞。………「東京版」戰之直接的具體的誘因，恐怕要歸着於讀賣的抬頭罷？即讀賣在四年以前，便已發行「江東版」了。

——節譯一九三六年三月號中央公論載「東京版」之裏面工作——

日本報紙的文藝欄

日本報紙的文藝欄，或把牠叫做學藝欄。因爲依靠在這一欄投稿以維持其生活的文人們，常常，「文藝欄」，「文藝欄」，這樣說着，所以社會一般人也隨着他們這樣叫起來。實則在日本各報社的組織上，大抵設有這一欄的編輯學藝部主任，因而這一欄在報社內公用的名稱，不是文藝欄，而是學藝欄。牠的內容，有文藝，美術的要素，也有思想，哲學的要素，並且由於社會的需要，更有廣泛地包含着一切科學的要素的。把這些種種的要素，一括而叫做文藝欄，實在是很舊的習慣，流傳下來的，沒有什麼理由。但這也不足怪異，因爲這一欄的內容，向來是以文藝的要素爲代表，直到現在，還是文藝的要素，占着代表的地位。

在報社裏，常把文藝欄，比喻爲「養子」，因爲現在的報紙，是以大衆爲對手的商品，而文藝欄却表現着一種非大衆的氣味。誠然，比較起社會新聞版來，文藝欄的確是非大衆的。但是比較起社會新聞欄來，成爲非大衆的部分，並不限於文藝欄，其他各版，也差不多都是這樣。例如政治新聞版呀！論說欄呀！那一個是像社會新聞欄那樣地成爲大衆的？

那麽，文藝欄，比較其他各欄，具有如何的重要性，或非重要性呢？只就純粹的文藝欄說，即不是包括學藝版一切的要素，而只就其中的純粹的文藝部分說，則好像是和大衆絕對沒有關係？因而在以大衆爲對手的現代的營業報紙上，是不具有什麽重要性的。因爲報紙的生命，報紙的主要元素，無疑地是所謂消息，假使報紙不登載消息，即報紙而沒有消息，則不成其爲報紙了。而在文藝欄，却是不登載什麽重要消息的。連所謂文壇消息，也限於很簡單的很零碎的東西！要是有比較地具有社會一般人感覺興味的文壇新聞，便也登入社會新聞欄內去了。由這一點看來，文藝欄，眞可說是不具有報紙的本質，因而眞可以說是報紙的「養子」。不過，這完全是一種機械論的看法和說法。報紙的主要元素，固然是消息，但在消息之外，還不能不具有其他的元素。因爲，第一、報紙的本質，不僅是營利的，同時，也是政治鬬爭的。文藝欄在政治鬬爭這一件事上，也帶有很大的使命。在文藝欄裏，可以提倡新潮流，也可以擁護舊思想，可以煽動政治鬬爭，也可以麻醉民衆思想。第二、縱然專就營利說，報紙的讀者，不是像一個銅模裏鑄出來的鉛字，彼此毫不具有相異的性質。他們有的重視消息，也有的喜好文藝，有的把報紙當作增加見聞的工具，有的把報紙當做陶冶性情的東西。各人有各人的嗜好與需求，報紙也便不能不包含適應這些各種不同的嗜好與需求之各方面的材料。尤其以大衆爲對象的現代大報紙像大阪朝日新聞和大阪每日新聞等，他們是要把所有的大衆，都做爲他們的讀者的，那他便更不能不包括各種各樣的材料了。另一方面，在日本社會上，文藝著作，很爲社會大衆所喜好，在每年出版的書籍中，文藝著作，在數量上，常佔着第一位。營業的報紙是投社會之所好的，因而文藝欄在報紙上，便也佔着重要的地位了。

以上是專就純粹的文藝欄說，若就包括一切科學的學藝版而言，也是這樣的。在日本的報紙中，最注重文藝欄而且文藝欄也特別有精采的，首數讀賣新聞。讀賣新聞，本來頗向即注重文藝，曾有「文藝新聞」之稱，近來對這一方面，尤其努力。牠所以能夠以比較少的資本，和大資本的東京朝日，東京日日競爭，不但不隨着其他報紙沒落，反進而和朝日，日日，鼎足而三，稱爲東京三大新聞，大半得力於文藝欄。所以說文藝欄，也不是應該輕視的。其次，所謂「花柳新聞」之都新聞，也很注重文藝欄。不過牠所登載的東西，和讀賣新聞不同，完全是些個吟花弄月之類的風流文學，像從前北京的順天時報的文藝欄那樣。東京朝日的文藝欄，可說是次於讀賣新聞而居於第二位的。尤其是橫田丑之助即杉山平助的「豆戰艦」，對於書報的批評，能夠惹起社會的注意。向來最不重視文藝欄的，要算是東京日日新聞，不過近來，聘請木村毅，高田保二氏，擔任該欄的編輯，稍有一些起色。時事新報，本來是相當注重文藝欄的。不過近來，因社長武藤山治之法西斯蒂化，和實行裁員減政的結果，在文藝欄裏，只看見些個凡俗的鼓吹戰爭的小說，不復有比較可讀的東西。此外，報知新聞，國民新聞之類，更不足道了。總之，文藝欄在報紙所佔的重要性如何？全視社會本身對於文藝的需要如何及報紙本身的性質，和牠的讀者是那一階層的羣衆而定。在中國現在的報紙，文藝欄的地位，雖然還不高，但也已經爲人們所漸重視了。因而當局對於牠的壓迫，也漸和對於新聞，一般地，嚴重起來了。（載二十三年二月一日北平世界日報新聞學週刊第七期）

資本主義社會衰頹期的一個犧牲者

——日本時事新報社社長武藤山治——

（上）

這個年頭，眞是新聞記者倒霉的年頭！不但在我國，新聞記者的生命，毫沒有保障，連所謂「有組識的國家」之日本，像時事新報社社長武藤山治氏，這樣一位在社會上，有地位的新聞記者，也會隨便被人剝奪了他的生命！

武藤山治被刺的消息，曾經各報登載，據說只是關於所謂「火葬場」問題之個人恩怨，沒有什麼政治背影。現在橫濱地方檢察處市原檢事，正在東京，竭力調查兇犯福島新吾的背影，想不久，可有個水落石出。（大阪朝日新聞三月十五日載）。假使眞是沒有政治背影的話，這一位新聞界的大人物之收場，未免太不值得了！

本來新聞記者，是容易開罪於人的；不，簡直可以說開罪於人，是他們的本分，像從前的史官和御史。不過，因爲政治問題而開罪於人，這是應該的，是有價值的，若因爲個人問題而開罪於人，致召殺身之禍，那却太不値得了。實則因爲政治問題，而開罪於人，人或可以諒解；因爲個人問題開罪於人，却是最危險不過的。所以做新聞記者的人，在可能的範圍內，必須避免和政治沒有關係之對於個人陰私的攻擊。

成爲武藤山治氏的死因之所謂「火葬場」問題，並不是攻擊個人陰私的問題，但利用自己的報紙而做爲不利於他人的行爲，這和攻擊他人的陰私，在結果上，是沒有多大分別的。原來所謂「火葬場」問題，是這麼一回事。當一九三一年十月，福島氏因爲「火葬場」成爲博善社的獨占事業，假慈善之名，行剝削之實；對於一般民衆，極爲不利，遂發起收歸市營的運動。去年夏間，經國民同盟的中堅中野正剛氏，書面介紹，往訪武藤山治氏，陳述他的意見，請求幫助，當經武藤氏，捐給宣傳運動費日金三十元。但後來，武藤氏把福島所陳述的意見，當作自己的主張，以自己的名義，在自己的報紙時事新報上發表了。福島認爲這是一種剽竊行爲，無異掠取了他應該享受的「令譽」，因而也就是剝奪了他的「令譽」，這和攻擊個人的陰私，損害個人的名譽，其結果，是沒有什麼分別的。在極度憤慨之下，遂向武藤氏提出了賠償損害的要求，要武藤氏給他三千元的日金。然而武藤氏雖然是大資本家，但不肯輕易拿出三千元來，送給人。不但福島的要求被拒絕，而且打算要和武藤氏會面，都是不容易的。福島，本來是失業的商人，一家數口，無法生活；他所以主張把「火葬場」，收歸市營，據說，是希望將來可以在市營「火葬場」，担任職務。武藤氏剽竊他的意見之結果，使他失掉了在問題上的主動者的地位，因而也就沒有資格，來在市營的「火葬場」，担任職務了！這在他，當然，不能不說是一種損害，應該要求武藤氏，給以賠償。武藤氏因為是一個大資本家，榨取慣了沒有報酬的剩餘勞働，所以想拿日金三十元的低廉報酬，便買得福島之可以博社會同情的「火葬場」收歸市營的意見。我們可以想到，時事新報，因為發表了所謂武藤氏關於「火葬場」的意見那篇東西之結果，會增加多少的銷數!?不過，福島在生活壓迫之下，只好敬武藤氏以彈丸，此之謂：「逼上梁山！」武藤氏被刺，雖然是個人的恩怨問題，但歸根結底說來，仍不外是資本主義社會中，必然發生的一種社會問題。第一，「火葬場問題」本身，便是一個社會問題；第二，福島的失業問題，也是一個社會問題；第三，武藤氏對福島的意見，作爲自己的意見，而又愛惜金錢，不肯給與相當報酬，這也是在資本主義社會中，不可避免的事情。我們可以說：武藤氏是資本主義社會衰頹期的一個犧牲者。

（下）

日本時事新報社長武藤山治，被福島新吾暗殺，爲資本主義社會中，必然發生的一種社會問題，我們在上篇中，已經述及了。現在，我們再進一步，研究在武藤氏經營下的時事新報的現狀。

時事新報本來是福澤諭吉所創辦的。誰也知道，日本的福澤諭吉，在政治主張上，好像中國的梁啓超，是一種改良主義的維新派。時事新報創辦的時候，福澤氏自己做了一篇發刊辭，標榜着不黨不偏；實在呢？不外給當時的新興產業資產階級說話，一方面反對絕對專制的封建主義，另一方面，也反對急激的革命運動。拿我們國內的報紙來比較，好像過去的「晨報」（所謂老晨報）和現在的大公報。但，隨着日本金融資本主義的成長，時事新報也漸漸地反動化了。就在這反動化的過程中，武藤山治氏便做了該報的社長。原來，新聞產業也和其他產業同樣，有一種資本集中的傾向，即大新聞漸漸吞併小新聞，同等的新聞，則激烈競爭。日本新聞界之最後的勝利者，爲大阪朝日新聞和大阪每日新聞二個新聞托辣斯；時事新報落在第三位！因而營業不振，每年都在虧累着。這給了武藤山治支配時事新報的好機會。武藤氏本爲時事新報的後台老板之一，自己很希望來把該報整頓一下。最初，是在一九三〇年的夏天，時事新報的後台老板們，在箱根飯店開會，討論整頓該報問題。武藤氏主張：「把時事新報，當作倫敦太晤士報般健全起來，在國家和社會實爲必要之舉。而維持這種國家社會所必要的報祇之公共基金即資本金，當由三井和三菱二大財閥負擔；本人只担任實際上的經營。」其他的後台老板，三井和三菱兩派人物，認爲這未免太便宜了武藤！因而沒有商量成功。一九三一年，又經過一番接洽，也沒有什麽結果。直至一九三二年，時事新報，愈加經營困難，前途黯默，那些後台老板們，纔又在（一）武藤氏脫離政治關係；（二）武藤氏自己負完全責任等二條件下，請武藤主持該報。恰好，武藤氏正在同年一月，解散了他所組織的政黨，實業同志會，脫離了議員生活，因而遂於同年五月，做了時事新報社的社長了。

武藤氏雖然做了時事新報社的社長，但東京朝日新聞（大阪朝日新聞之「分號」）和東京日日新聞（大阪每日新聞之「分號」）的旣成勢力，非時事所能動搖。於是武藤氏放棄了他前所主張的「當做倫敦太晤士報健全時事新報」的主張，而把該報一天一天商品化，低級化了。該報記者，伊藤正德譏笑他，說是：「看不見朝日，而以讀賣爲敵」。因爲讀賣新聞，是比較通俗的新聞。這一營利的動機，便伏着他被刺的危機。現代的報紙，沒有不以營利爲目的的，也就是沒有不包藏着危機的。不過會應付的人，可以避免或延緩危機，不會應付的人，反促進危機的實現。武藤氏屬於後者。他因爲要達到營利的目的，便不能不求收入的增加和開支的減少，於是對內則大減其員，對外則大挑其戰。關於前者，自他做了社長後，實行了四五次大裁員，而且被裁的人，並不給予退職的津貼。因而失業的社員，怨聲載道。當我去年在東京時，曾聽說有一位時事新報的編緝，因爲被裁而發狂了！在這種情形之下，那能保得住沒有人來復仇呢？雖然，刺他的福島，不是該社被裁的人員，但誰能保和他們沒有關係呢？而且福島的兇行，不也是爲失業所迫嗎？所以大量裁員，不能不認爲武藤氏致死的一因。關於後者，武藤氏曾在他的報紙上，任意攻擊別人的陰私，以投一般社會的所好，而增加其銷路。最近在該報上登載一篇暴露「番町會」的記事，對大財閥的團體「番町會」，施以猛烈的攻擊，惹起了財閥的極度不滿。「番町會」的領袖河合良成，曾在本年三月分的「經濟往來」發表了一篇「對於武藤山治君的公開狀」，對他施以猛烈的反攻。內中，有這麼一段：

「武藤君：你的眞正動機，在那裏呢？……或以爲你的新聞之地盤，被讀賣新聞奪取了，想要恢復，又或以爲時事新報，已陷於窮途了，所以使用這種過激手段，以期推廣銷路。若然，不能不說我們的名譽，爲你的新聞政策所犧牲了！我不願相信這事情。

…………………………

現在，是所謂非常時，是我們應該互相努力建設的時候，不是應該破壞的時候。太過激的舉動，請你愼重！不可把別人都看做鐘紡公司的使用人。一寸長的蟲，也有五分大的魂魄，縱然拿你的猛狂的筆權，也踏不碎我們的魂魄！」

可見「番町會」的人們，是如何憤恨他了。所以如木村毅氏所說，當他被刺的時候，任何人都以爲犯人和「番町會」有相當關係。

總之，武藤山治氏，因爲要打開時事新報的困難關係，遂內外樹敵，以速殺身之禍，這正是資本主義衰頹期，資本家，一方面和勞動者對立，另一方面，又和別的資本家對立，以至於潰滅的一個縮影，然則這又不僅是武藤氏個人的問題了！（連載二十三年三月二十二日及二十九日，北平世界日報新聞學週刊第十四期及十五期）

武藤山治對於新聞事業是門外漢

伊藤正德

第四爲時事新報的武藤山治氏。他曾成爲紡織界的成功者，而雄飛於關西實業界的事實，爲人所周知；從而其經營事業的手腕，也是多數人之所公認，但對於新聞事業，則是門外漢。因爲這位實業界的成功者，進到政治界活動而失敗了，所以世間也有一半一半地觀察他的新聞事業的成敗的。在武藤氏則因爲是要賭此最後一戰以決其由於一方大勝，一方痛敗而被抵消了的事業的經歷之均衡的，所以抱非常的覺悟與決心而闖進了新聞界，這是當然的。

——譯自新聞生活二十年——

德國國社黨專政下之新聞統制近況

（一）

統制新聞，已經成了世界的流行病了，連三民主義的中華民國，尚且不免，無產階級專政的蘇俄，和大金融資本家支配的德國，更不待說。現在，好像沒有人反對統制新聞這件事。然而，統制的結果，不一定，都可以收得統制者所預期的「良效」；對於社會，發生什麼影響？恐怕更無人敢下一個確定的結論。這自然，不能說是統制新聞本身必然產生的結果，而是由於統制新聞者，是否有統制新聞的資格？他所採用的統制方法，是否合理而有效？蘇俄統制新聞，是相當奏效了，而德國統制新聞，卻失敗了。只就蘇俄報紙發行份數的增加和德國報紙發行份數的減少，便可證明這點。我們貴國，如果在三民主義之下，也要始終統制新聞的話，我們希望他能夠收到蘇俄的效果，而不至蹈了德國的覆轍。傅立伊教授，在哥林特，西斯特利雜誌，曾發表了一篇短文，叙述希特拉專政下之新聞統制近況。我們試讀一過，即可瞭然於希特拉在這一方面，又是怎樣失敗了！以下是從日文雜誌「新聞及新聞記者」的，譯文，加以轉譯的。

(二)

自希特勒攫取德國政權以來，到現在爲止，德國報紙約有六百家，遭遇着休刊或廢刊的厄運。有的，像共產黨系的報紙，完全被毀於希特勒政府的大彈壓之下；有的，雖沒有遭受政府的直接彈壓，但因登載消息，受了極端的束縛與限制，優秀的猶太人新聞記者被驅逐，以及其他種種原因，致發行份數慘落，陷於不能繼續出版之狀態。事實上，出版自由，報道自由，極度被壓迫之結果，報紙內容，完全失掉生氣，讀者對於報紙的興味，也相對地減少，任何報紙，都變成了半官式的死氣沉沉的單調的東西了。各報的報道記事，好像豫先商量妥了一般，所登載的東西，都不過是些當局的聲明之「再版」，或新法令的要約罷了！這怎能惹起讀者的興味呢？

像柏林日報，一方面，把優秀的經驗豐富的編輯，因爲是猶太人而驅逐出社；一方面使經驗極淺的國社黨黨員，握了報社的實權，遂成爲報紙減色的一原因。本來，德國報紙，向有一種特徵。即差不多全部報紙，沒有不是屬於任何一政黨的。這一特徵，恐怕也不能不說是使德國報界發生現在的慘狀之一原因。蓋報紙自身所屬的政黨，一度無力化或者和國社黨同化，則報紙自身，也立刻喪失了他的存在的理由，至少，失掉了財政的背影。

在國社黨新聞政策中，因有所謂公表發行份數的一項，所以能夠很容易地知道有力報紙之相對的地位。國社黨公認了的機關報人民觀察報，北部德意志版，爲二二〇，〇〇〇份，南部德意志版，爲九〇，〇〇〇份。在廣告方面，占第一位的柏林晨郵報表示着三四〇，〇〇〇，之總發行份數。在外國，有聲價的許多報紙，在德國國內的發行份數，反倒比較地少。柏林日報的發行份數，激落到七四，〇〇〇；佛郎克府日報的發行份數，激落到六五，〇〇〇；德國總滙報的發行份數，激落到六二，〇〇〇；而德國最古的報紙富基賽報竟激落到五〇，〇〇〇以下。

但近來，德國報紙，似乎也比較地，恢復了一點兒獨自的表現力了。社論，從前，只是評論些暹羅，日本，阿根庭等，歐洲以外的問題，近來，也漸漸改變這種傾向，而表現着比較自由地論及德國國內各種情勢的勇氣了。不待說，希特勒，蓋拜爾斯等國社黨的指導者們之言動，各報都有完全做爲記事而登載的必要；但對於需要改善的狀勢，也率直地，暗示於政府當局的這種傾向，漸漸加强起來了。

(三)

和這種傾向相對照而有興趣的事情，是本年二月初旬，蓋拜爾斯所曾做的新聞批判。蓋拜爾斯對於新聞所曾要求的東西，是「穩健，中庸，獨立，自尊」之精神。裏面隱藏着彈壓和强制，而表面却還說什麼「獨立」的精神，在這一點上，如實地，說明了國社黨是一個什麽東西。但參照德國新聞的傳統精神，而加以考量時，蓋拜爾斯的批判，還具有別種意義，可以認爲報社寧收到反面的效果。對於宣傳大臣所發表之無數的政府聲明，失却選擇和抹殺的自由，迺經廣播無線電放送後，失掉新聞價值的東西，也負有一一印刷發表的義務之德國新聞的危機，一點也不會由於蓋拜爾斯的新聞批判而解消。

銷售份數的激落，成爲各報社的苦惱。同時，從失掉精彩的德國報紙離開的讀者，都去讀外國報紙，外國報紙的輸入，一天一天激增，而加給德國報紙以極大的苦惱與威脅。二月十一日那天的佛郎克府日報（Frankfurter Zeitung）在牠的社論中，曾指摘以下的事實。即向來的德國報紙，在揭載和批判各政黨的綱領上，保有其生命，但自十一月十二日總選舉，國民的百分之九十三，趨向國社黨以來，報紙的義務和權利，都一變了。蓋希特勒統治下的德國，既已喪失輿論了。沒有輿論，沒有人民之聲，則被指導者對於指導者的批判，也是不能夠有的。

至德國總滙報（Deutsche Allgemeine Zeitung）則更率直地，說明此中的消息，即德國讀者階層，熱望着必須依賴外國新聞的時代之終止。諾斯枯利施夫，創刊了登載照片比較消息更多的報紙，這一種無學問的人們的報紙。在德國，雖然不能讀報的階級，不過少數，但決心不願再讀報的讀者，既已一天一天激增了。

這些人，決不是反動派，也不是「內敵」。不過是熱望着報紙應該忠實於報紙之所以爲報紙的任務，而自覺其應該使流言蜚語斷絕根株的任務的；是要求新聞之個性的。二月二十八日，駐在柏林的外國通信員，二百名，在外交部，參加蓋拜爾斯的招待會；蓋拜爾斯，在席上，力說：德國關於歐洲的各種問題，要求依據新的方法之新的解決；希望各通信員和德國協力，報告事實，不要誤傳德國的意圖。然而這種事實，是怎樣性質的東西呢？蓋拜爾斯，關於這點，似乎沒有多談。

（四）

傅立伊教授，報告上述事情，不久，而國外電報忽傳，國社黨制定新的「新聞取締令」而緩和了對於言論的壓迫。即到最近，希特勒首相決意，改變向來之單一的新聞政策，在一定的範圍內，承認言論自由；而蓋拜爾斯宣傳大臣，於該月八日，發表了下列新取締令：

（一）關於普通的消息，則縱然是依據獨自的見地，也可以實行報告；

（二）但依國家的見地，需要特別統制的場合，不在此限。

德國政府之所以緩和了嚴格的新聞統制，要不外是因為德國報紙無論在國內和在國外，都失墜了輿論機關的權威和信用之結果。大概是注意到特別在對外的方面，德國各通信社的通信和各報的論說和消息，完全被認為是政府的宣傳，而不認為是所謂國內輿論，因此，在對外宣傳上，發生重大的缺陷和破綻的事情了。這對於各國政府的新聞統制案，給與了相當興味深長的暗示，而可以說留下一個好例。即統制得宜的事情，不一定可以斷定，從國家的見地看來，是有效的。這種新取締原則具着怎樣程度的具體內容呢？雖然，還在半信半疑之間，但總是值得非常注意的。（按最後一節，不是原文，乃是日文譯者M，E，L君之意見）。（連載二十三年六月二十一日二十八日北平世界日報新聞學週刊第二十七二十八期）。

國社黨的新聞政策（一）

小野秀雄原著

一九二〇年，國社黨組織之際，希特勒已在其計畫案中，明列下述新聞政策：「我們對於意識着的蜚語謠傳及由報紙所做的這些蜚語謠傳之散布，要求合法的鬬爭。我們為使德國新聞的創造，成為可能，要求下列各項：（一）用德文發行的報紙之所有的記者和其共同工作者，應該是德國人。（二）非德文報紙，發行之際，須得國家的許可；且決不得使用德文。」（下接八十八頁）

法西斯蒂勢力下之德國新聞的命運

三枝博音原著

我在這裏，所要提起的問題，不是就日本新聞的危機而言，而是就德國新聞的危機而言的。不待說，以一九三三年的初頭爲界線，德國各報的社論和記事之取捨標準，根本上變化了！在暴力之前，雖然是認識了新聞之文化的使命的人們，也都守着沉默。現在，則國社黨政府，也知開始暴露他的政敵之罪惡；而所謂新聞的危機，新聞的目的，新聞的機能，究竟是什麼呢？這一問題漸漸被提起了。

具有二百三十年的歷史，在知識份子中，獲得多數讀者的富基賽日報，(Vossische,zeitung) 竟於本年三月停刊了！在德國從事新聞事業的人們之間，高嚷着新聞的危機。富基賽日報(Vossische Zeitung) 停刊的聲明書中，曾敘述着他們所以停刊的理由，，是：「這個報紙，抓着了比較地薄弱的讀者層，而在實際上，則持續着了最高的要求。」

而像別的新聞所曾報告的那樣，因在經濟方面發生困難，遂致不能存在的情形，在今日，也是當然的事。這一新聞停刊的自身，本質上，便提出着現代的新聞的危機這一問題。但問題不僅是德國的新聞之經濟的問題，而且是讀者減少的問題。在德國，從前讀報的人，有很大的數目：現在呢？在這些人們中間，有許多，不知什麼原因，無論如何，不再購讀他們所曾購讀的報紙了。

據佛郎克府日報（Frankfurter Zeitung）所載，則僅在柏林一處，便已減少到數十萬。在漢堡，則停閱報紙的人，達十萬以上；柏林的所謂「布爾喬亞」新聞，失掉了五十萬以上的發行份數；「晨郵報」（Morgel pcst）減少了二十萬；柏林日報（Berliner Tageblatt）減少了六萬左右；富基賽日報減少了約三萬，柏林地方新聞（Berliner Lokalanzeiger）減少了約三萬五千。加之，馬克思主義的報紙，是完全被禁止了的，僅就柏林一處計算，此種報紙至少也有五十萬份減少了。

但人們也許以爲一般報紙的讀者減少，正是國社黨關係報紙的讀者之非常的增加罷？不待說，國社黨關係報紙的讀者，是有所增加的。這在休萊基因和萊因蘭得等處，極爲顯著。

即在柏林，國社黨關係的報紙，也差不多要獲得四十五萬的讀者。可是從以前別的各種報紙所失掉了的讀者人數中，扣除了國社黨關係報紙所獲得了的發行份數，則僅在柏林，也還是減少了數十萬的讀者。

當把新聞的危機，根本地做為問題時，不限於日報，即一切的定期刊物，也都是不能不想到的。現在，僅就日報而言，我們常能感覺到下述的事實。什麼事實呢？即不僅是讀者大衆的移動，而是從前購讀報紙的多數讀者，完全沒有踪影了。這一問題，可以認為和新聞之文化的意義，在今日的危機上，具有緊要的關聯。

我更想注意到服務報界者特別是新聞記者，關於新聞紙的自由而漸次發為言論的事情這一事實，和報紙的讀者之量的激減和質的移動，同表現着今日之德國新聞的危機。

今日之德國的新聞記者，被置於未曾有的試練之上。在捲起了的强烈的暴風雨，偏見和頑迷之中，縱然不能說出不被歪曲的眞理，但已漸漸勇敢地主張着新聞應該根據事實。他們這樣呼號：新聞的自由，不是坐着靜待便可到手的；僅有在其中醞釀着危險時，自由纔有可能。究竟到怎樣程度的批判，纔算自由呢？對於這樣的事情，沒有固定了的尺度。「某種批判，是有品格，而具着好意的呢？這種決定，決不是能拿文件來證明的。除却依靠自己的經驗，別無方法」。這樣的自覺，在德國，現在，已成爲眞摯地從事於新聞事業的人們之呼聲了。在日本，事情是怎樣呢？新聞的危機，不存在嗎？如其存在，則出於怎樣的形態呢？或者，並不存在呢？若不存在，則根據如何的事情呢？這是另一問題了。（譯自日本東京帝國大學帝大新聞——載二十三年七月十二日北平世界日報新聞學週刊第三十期）

國社黨的新聞政策（二）

小野秀雄原著

（三）非德國人而在財力上，參與報紙或給報紙以影響，應爲法律所禁止；對於違反者，應罰以封閉該報或驅逐該非德國人於國外。紊亂公共安寧的報紙，應加禁止；我們對於加破壞的影響於國民生活之藝術及文學的傾向，要求合法的鬪爭，並要求封閉牴觸此要求的設施。故希氏一握德國的政權，便立刻着手這種政策之實現，首先以曾被暗示於上述計畫案中的左翼新聞之撲滅及猶太人之排斥爲目標，而迅速地公布了彈壓新聞的法律。

——譯自現代新聞論——

英美德法的新聞

S•V•C原著

國會的記事，讓席給國際聯盟，而在報紙的篇幅裏，到處都强塞進國際聯盟的消息了！這在我的觀點看來，則爲一種好的傾向。縱使像國際聯盟這樣的問題不發生，而把國會記事，做爲主要的材料，滿滿地塡滿了報紙的篇幅，也是沒有什麼意思的。

關於國際聯盟的問題，因爲是在連前此攻擊內田的軍部外交爲「沒有屈伸性的外交」之東京朝日新聞，都在拱手敬聽的時候，所以我也不外穩靜地，老實地沉默着！

可是，關於國際聯盟的問題，所謂新聞的外國電報那樣的事情，不妨譚譚罷？

日內瓦拍發的特電，是內地製造的東西；還有縱然眞是從日內瓦拍發的特電，但却是不報告實際的情勢的有疑問的東西。特電之外的日內瓦電報，東京朝日新聞，採登新聞聯合社的通信；東京日日新聞，採登電報通信社的通信。但因爲新聞聯合社，從外務省領着每年三十萬元的補助費，所以新聞聯合社的電報，更加是效着松岡洋右全權代表的播聲機之勞的。

依據從日內瓦回來的人們所說，則國際聯盟的空氣，自始便是不利於日本了的；曾經報告對於日本代表的演說，起了像暴風雨一般的鼓掌之新聞聯合社的電報，大概是通過播聲機而聽到了的鼓掌的樣子罷！

這些暫且不提，因爲現在是萬人的視聽，正因國際聯盟問題，而注向海外的時候，我也最後，一轉筆端，譚譚外國的新聞罷！

在美國的新聞及其銷數

(一)新聞數

	一九三一年	一九三〇年	一九二九年
朝刊	三八四	三八八	三八一
夕刊	—	—	—
合計	一•九二三	一•九四二	一•九四四
星期刊	五一三	五二一	五二八

(二)銷數

	一九三一年	一九三〇年	一九二九年
朝刊	一四・三四二・七九〇	一四・四三四・二五七	一四・四四八・八七八
夕刊	二四・四一八・三九七	二五・一五四・九一五	二四・九七六・三七三
合計	三八・七六一・一八七	三九・五八九・一七二	三九・四二五・六一五
星期刊	二五・七〇一・七九八	二六・四一三・〇四七	二六・八七九・五三六

就先從美國新聞界說起罷。依據Editor And Publisher所載，則一九三一年，美國的新聞之總數，朝夕刊，合計一千九百二十三種，星期刊，爲五百一十三種。其發行份數，計朝刊一千四百餘萬份，夕刊二千四百餘萬份，星期刊二千五百餘萬份。這些美國新聞之二分之一，是五十七公司所支配的連鎖（Chain）新聞，而哈瓦爾德（Scripps Howard）系和哈斯德（Hearst）系等，爲其中最大的。

美國的主要新聞

(一)紐約 (New York)

名稱	支持乃至關係政黨	發行份數	朝夕刊
New York times	獨立民主黨	四六〇•七九四	朝刊
New York World telegram	無關係	四一三•一七八	同
New York Herald tribune	獨立共和黨	三二五•四三二	同
New York Daily news	無關係	三四三•八七一	同
New York American	同	三二一•七三二	同
New York Daily mirror	同	五八四•五六八	同
New York Journal	——	六四四•八六〇	夕刊
New York Sun	——	二九一•五六〇	同

(二)芝加哥 (Chicago)

名稱	支持乃至關係政黨	發行份數	朝夕刊
Chicago Tribune	獨立共和黨	八一三•〇七六	朝刊

Herald And examiner	無關係	四二二・〇七六	同
Chicago Daily news	同	四一二・九三九	夕刊
Chicago American	同	五〇三・八九六	同
(三)菲萊德菲亞 (Philadelphia)			
Philadelphia Bulletin	獨立共和黨	五五二・二八一	夕刊
Philadelphia inquier	同	二四四・一四六	朝刊
(四)第曹特 (Detroit)			
Detroit news	無關係	二九五・一八六	夕刊
Detroit times	同	二七二・六七一	夕刊
Free press	獨立共和黨	二〇四・六一六	朝刊
(五)波士頓 (Boston)			
Boston Daily Post	獨立共和黨	三七六・二四四	朝刊

Boston American	無關係	二五三・三二〇	朝刊
Boston record	無關係	二七七・八五四	夕刊

（六）其他

Los Angeles Examiner	無關係	二〇六・五七八	朝刊
Kansas city star	無關係	二九一・九〇八	夕刊
Kansas city times	同	二九〇・二九七	朝刊
St. Louis Post Dispatch	同	二二七・八九三	夕刊

（備考）以上係除去星期日增刊的發行份數；又這裏的發行份數，是一九三一年的，以下同。

看了以上的概表，使我們可以感覺到的是：第一，有成爲政黨機關報的times和tribune等大新聞。在日本，因爲政黨的發達落後而且政黨是在民衆的不信任之聲中，發達起來了的，所以政黨的機關報，其勢不振。第二，因爲美國地廣民衆，所以在各個都市，都能看到大新聞。不像日本一樣，東京和大阪的大新聞支配了整個日本。

又因為有大阪每日新聞和大阪朝日新聞，二大新聞托辣斯存在着，所以在發行份數上，日本並不比美國劣。但在成為一種資本主義的企業之規模上，則有遠不及美國者。美國的新聞之特色，不僅在發行份數，且在牠的傾向。美國的新聞，普通是和政黨無大關係，——不待說，這不是說根本的客觀的任務的——而當做資本主義的企業之一，營利事業的地，完成着其獨特之發展的。New York Times之每年收入三千萬美金，哈斯德系新聞集團之每年收入一億五千萬美金，是有名的美譚，而在所謂繁榮的年一九二九年，美國的新聞的總收入竟突破九億美金，而銷報收入，則突破了三億二千萬美金！

就美國的新聞，略可看出三個方向。即新聞本位主義，jazzism，及折衷前兩者之黃色主義。黃色主義的Yellow Paper，差不多成了美國新聞的代名詞了；以New York American為領袖的哈斯德系新聞，便是這種東西。在邊利茲(Pulitzer)=哈斯德之「要在大衆與奮了的時候獲得其與奮啊！」「要表現大衆的感情啊！」「要沒有間斷地繼續喧噪，以惹起讀者注意啊！」等口號之下，迎合大衆的最低級的感覺，是成了其根本要諦的。

但在爲這樣的黃色主義所代表的美國新聞之中，漸成一種大的力量來了的，是Times和二Tribune等的新聞本位主義。憑着牠的完備的通信網和莫大的新聞收集，而立於新聞（消息）販賣主義的最前線的，是被稱爲「新聞商人」的奧奇斯（Adolph,Ochs）氏所領導New York Times。發行份數，雖不一定能說是很多，但在四十頁乃至五十頁的大量篇幅裏，滿載着世界各國所有的新聞，而被充實了的姿態，眞可說是世界第一了。是把其所標榜的「網羅一切有印刷價值的新聞」，像言語所表示的含義一樣，在報紙篇幅上，活脫脫地表現出來了的，World Telegram, Herald Tribune,和Chicago Tribune等，都屬於Times式。「遠東是最重要的新聞(消息)之舞台」——在被認爲哈斯德系的遠東，當滿洲問題發生了的那時，新聞本位主義，曾非常被發揮着。密佈於遠東的美國通信網，表現了把反日的消息，滿佈到全世界的威力。

其次，Jazzism，是使黃色新聞的低級趣味，更加發展了的，而與其說牠是新聞記事，無事認爲是低級的，卑劣的，淫靡的，要之，感覺的東西。小型的書報（Tabloid paper）和Daily news等，是其代表的東西。極盡所有揑造，詐術和欺騙之能事，以「製造」新聞（消息）而宣傳之。

例如關於犯罪事件等，則製造虛僞的記事，眞是家常便飯；每揑造犯罪行爲的情景，而特別攝成像片。其淫穢，奇怪和無意義，眞如文字所表示的意思一樣，是Jazzy的；是隨着Jazzy流行而發展了的。美國新聞界啊！將走向何處呢？說到這裏，美國部分告終了。

其次，試看英，法，德，的新聞。英國的新聞，和London times的沒落同時，從世界的王座掉下來了。當十九世紀到二十世紀之初，像世所周知的那樣，憑着完備的通信網和被認爲公正的言論而君臨於世界新聞界了的London Times，現在，也很明顯地，在New York Times的勃興之前而敗退了。這正如世界的通信王，由英國的「路透社」（Reuter's limited）而轉移到美國的「聯合社」（The Associated Press）。

但是英國是新聞的祖國。依某種觀點看來，可以說，是完成了新聞的典型的發達的。試舉其大新聞而觀。

(一)一般新聞

名稱	政黨關係	發行份數
Lnodon times	保守黨	一八三•七九五
Daily telegraph	同	二六三•二七三
Morning post	同	一四〇•〇〇〇
Daily mail	無關係	一•七六六•七〇九
Daily express	同	一•六七八•四五六
Daily news chronicle	自由黨	一•三八七•六一四
Daily Herald	勞黨	一•三四〇•〇〇〇

(二)夕刊新聞

Evening news	無關係	七五七•三六三

Star	自由黨	五五七・四九二
Evering Standard	無關係	四〇二・〇〇〇
（三）畫報		
Daily mirror	無關係	一・〇〇〇・〇〇〇
Daily Sketch telegraph	保守黨	一・〇一二・〇〇〇
（四）星期日新聞		
weekly Tispatch	無關係	一・一二二・七九二
Surday express	同	一・〇五五・二七一
Sunday pictorial	畫報	約二・〇〇〇・〇〇〇
People	—	二・八四〇・〇〇〇
News of the world	—	三・二五〇・〇〇〇

就發行份數而言，則斷然壓倒着美國。又政黨的機關報之新聞，是很大的新聞這一點，

也是不容忽視的。而這些新聞，正要爲幾個新聞托辣斯所吸收。Daily mail, Daily mirror 之勞玆米爾(Lothermere)系和 Daily express 之彼波爾布爾克系爲二大橫綱，此外還有 Daily Telegraph, Daily Sketch 之阿利特(Allied)兄弟和 Daily news 之自由黨系等的新聞集團。說到勞玆米爾和彼波爾布爾克這二大新聞托辣斯的近來的事業，則最有名的是成爲「英帝國自由貿易」運動的主唱者一事。連包爾溫——保守黨黨魁——那樣的人，也表現着像遇鬼一樣，爲新聞托辣斯所苦惱，而慨嘆着：「近代的進化事象中，再沒有像巨大的暴發戶的暴富之效力和新聞之操縱、那樣奇怪的了。那好像是破壞了頭腦的平衡，營着酒精一般的作用的。諸君，能夠發見這種事象於美國的哈斯德新聞，我國的勞玆米爾和彼波爾布爾克新聞。在那些新聞，甚而脫離了新聞事業的領域、運命令，暴慢和威脅的企圖，也被實行着了！」這恐怕未必僅是包爾溫的嘆息。最近，因爲讀賣新聞誤登了某議員携帶女事務員到飯店開房間，而被檢舉了的不確實消息，某議員曾經與其說是向讀賣新聞發怒，毋寧說是訴苦，比較適當的那樣，很喪氣地，悲嘆着：「因爲意外的誤報，致選舉地盤，崩壞了！」——某議員等，暫時是被叫做了小包爾濡的——其次，想要提議對於把因職務關係能夠知道了的別人之私生活上的事情洩漏於新聞記者的警官，應拿法律處罰。我們的某謀員啊！試把法律案提出於議會，如何？

再其次，是法國的新聞了。在歐洲大陸，法國新聞，表現着進步了的機械設備，通信網及編輯方式，在新聞技術上，是最優秀着的。尤其是大新聞，不斷地發展爲純商業新聞的東西。次表的最初，是巴黎的五大新聞和其發行份數。

Petit parisien	一•七〇〇•〇〇〇
Journal	一•二〇〇•〇〇〇
madin	一•〇〇〇•〇〇〇
Petit journal	六六四•五〇〇
Echo de paris	七〇〇•〇〇〇

以下，是次於前舉五大新聞的新聞。

Godetien	六〇〇•〇〇〇
Atlanttien(夕刊)	四〇〇•〇〇〇
Exercialle	二五〇•〇〇〇
L'humanite	二六〇•〇〇〇
Accian francais'e	八〇•〇〇〇
Ami du peuple	八六〇•〇〇〇

Petit parisien 是美國式的新聞，在發行份數上，和英國的 Daily Mail爭着世界的霸權。'Echo de paris 是以國家主義和天主教，堅固地築起來的保守主義的新聞。摩里斯•痛徠士 (Barres) 即曾執筆於該新聞。Madin 是反英親美的；且擁護國際聯盟。Journal 和Petit Journal 這兩種報，都不具有大的政治意見。

Accian francai'e 爲極右的，王黨派的新聞。里昂首頓 (L'eor, Daudet) 和查理斯•茂雷爾 (Charles, Maurras)等，執筆於該新聞。Godetien 是把「市民之進步」改爲日刊了的，爲一種進步的新聞。Exercialle則爲畫報。此外，成爲上流社會的社交機關報的，有Figaro（十萬份），成爲戲劇，音樂，歌舞劇，藝術等的機關報的，有comédie（六萬）。這實在是很像法國的事情啊！

法國的大新聞，是「萬年政府黨」，還有「對外强硬主義」等，和近來的日本相同。在法國，政府是半公開地補助新聞之經營的。

最後說到德國。因爲政治的，階級的對立，非常激化，所以多至三千一百餘的新聞，都藏着一種明白的政治的指導方針而鬬爭着。說到壯觀真是壯觀！可是，不待說，因爲德國是康迭爾組織（Concern）的老家，所以在通貨膨脹時代的單一的產業的資本閥之富高，斯欺奈斯（Hugo Stinnes）之大新聞康迭爾，雖然突忽地沒落了，但仍有胡根堡(Hugenberg)烏爾斯金，（Ullstein）和茂塞（Mosse）等的新聞康迭爾。就中，胡根堡是人都知道的國權黨的首領，代表着魯爾地方的重工業資本和德國東部的大地主等的。最近，在希特勒內閣，以一身而兼着經濟部長，食糧部長及農林部長三要職。胡根堡氏呼號着「大新聞不可把僅在一個理想上能夠發見出結晶點的新聞和營利結合着」，而率領着「有計畫地確實堅固地被組織」，且具有「基於鮮明的意識，十分考慮了目的和效果的構成」之大新聞團。烏爾金斯和茂塞都是民主黨系的新聞康迭爾。前者着重新聞消息和娛樂，步着美國新聞的後塵，而後者，則以著名的 Berliner Tageblatt 爲主宰，吐露着明確的政治意見。試舉其主要的新聞，則有 Morger-post（六十一萬四千份），Lokalanzeiger（二十五萬份）Berliner nachtau-gabs（八十萬）等。在發行份數上，是遠遜於英，美，法等國的。

各國普羅新聞之創刊

木村毅原著

系統地看來，和現在的無產階級運動得畫一垂直線的（普羅新聞），還是以 Lenin 的 iskra 爲最早。牠是一九〇〇年創刊的。其次爲 Jean Jaurès 的 L'Humanité，創刊於一九〇四年。英國的 Daily Herald，現在雖然賣身於資本家的公司，但當一九二六年總罷工時，還盡了階級新聞的任務。這是一九一二年創刊的。而在創刊以前，已由工會會員用油印等在工廠內發行很久了。如我的記憶不錯，似在一九〇七年開始的。德國的 Rote Fahne，則創刊於一九一八年，比較更遲了。

——譯自現代集納利基姆研究——

法西斯蒂統制下的意大利報紙

小野秀雄原著

日人小野秀雄氏，在他所著現代新聞論中，有專論意大利報紙的一篇。內容共分五節：(一)統制前的概況，(二)法西斯運動期的新聞政策，(三)法西斯化的斷行，(四)法西斯蒂統制政策，(五)著名的現代新聞。茲特節譯其第三及第五兩節，以示在法西斯蒂統制下的意大利報紙的現況。第一，第二兩節，係追述法西斯政權確立乃至統制新聞以前的事情；第四節，主要是叙述關於新聞記者的取締，和意大利報紙的現況之本身，較少直接關係，因而略去不譯。至於法西斯蒂統制下的意大利報紙，這一名稱，是我隨便按上去的。

一九三五·四·三。

(一)報紙法西斯蒂化之斷行

一九二四年七月，意大利社會黨員馬丁奧泰(matteotti)曾實行反法西斯蒂的演說而被暗殺；法西斯蒂派以外的報紙都一齊攻擊這事，從來，隱忍沉默的報紙的態度，一時硬化而莫索里尼的政府，瀕於危機了。甚至連轉向於法西斯蒂了的大報紙意大利新聞(Gaornale d

Italia和馬泰諾報(Mattino)也俄然一變為反法西斯蒂的態度。而反法西斯蒂的報紙，突然增加了讀者，尤其Corriere della sera報，衛鋒報(Stampa)，拜克·基勞(Beccogiallo——諷刺雜誌)的讀者更加激增，像Corriere della sera報，竟一躍達到了八十萬份之多。

於是莫索里尼也於該年七月公布了彈壓報紙的法律。原來，這一法律，是在其前一年即起草完竣，經過正規的手續而被準備着了的。可知如果報紙的態度柔順，而沒有使莫索里尼的政權動搖的事情，則他也許是把這法律永久擱着不公布的。試先舉該法律的要點而觀，則如下述：(一)以成為出版法上之弱點的責任編輯人為責任管理人，而必須得地方長官的承認。元老院議員，國會議員，不得為責任管理人；違反出版法達二回以上者，也不得為責任管理人。(二)在以下各種場合，地方長官對責任管理人發警告並扣押其出版物：(1)揭載像下列各項那樣的虛偽或歪曲了的記事時：(甲)關於政府的外交活動而妨碍外交關係；(乙)對於內外，破壞國家的信用；(丙)在國內喚起何等沒有根據的不安；(丁)用其他何等方法紊亂治安。(2)於記事，論說，標題，插畫或Vignette等，煽動犯罪，刺戟階級鬬爭，嗾使違抗法律或官廳的命令，毀壞從事公務者的威信，為外國之國家，團體或個人謀利益而招致祖國的損失，以及詆毀國家，國王，皇族，法王，國教，國力並國家的設施，乃至有友好關係的列國時。(三)在一年以內，而被警告二次時，地方長官得取消責任管理人之承認；一直到相信其適當為止，拒絕責任管理人之承認。

因為地方長官全是法西斯蒂黨員和對於法西斯蒂抱着好意的，所以責任管理人，不待說不得不是承認了法西斯蒂的；同時，他是不能不法西斯蒂化他的報紙的，否則由於地方長官的拒絕權之行使，他的報紙，是會陷於和禁止發行同樣的厄運的。然而到一九二五年十二月，更規定了使責任管理人登記於職業名簿的事情。這種登記法，到一九二八年，使組織記者公會而成了更完備的法律。此外，在報紙創刊以前，須先經承認責任管理人的手續，而所謂許可主義的時代，便再現了。

由於上述法律，反對法西斯蒂的報紙，遭遇了被扣押、被停止發行的悲慘的命運。其間，黑衫團活躍而燒棄報紙，迫害記者和販賣人等之報界黑暗時代，又出現了！試舉二三實例而觀：（一）前進報（Avanti），在一九二六年一年間，曾被扣押一百次；當同年十一月茲安包尼暗殺事件發生了時，在十一月中，該報曾被扣押十三次，共和黨的烏基·賴巴布里加諾報（Voce Repubblicana）被扣押十八次，社會黨的門德報（Mondo），被扣押十五次。（二）貝各茂市（Bergamo）的某報，曾從被扣押了的報上，刪去當局所指定了的記事，而把該部分、留着空白原樣地發行了。但當局又以這種空白，給與民衆一種在國內沒有言論自由那樣的印象，而使其興奮之理由，再予扣押了。（三）一九二五年十一月，在皮埃孟特州（Piemonte）所曾舉行的法西斯蒂中央執行委員會，對於普勞枯萊紹的編輯長發出如下的脅迫書：

「最近，登載着非常奇怪的記事的極盡毀謗能事的貴報數份，被我們拿到了。我們現在對貴報忠告，今後應做爲法西斯蒂的一派，不要再採取這樣的卑劣的行動。貴報若以爲因在離中心地帶遠的地方，可以免於懲戒，那便是一大錯誤。必須對於一不注意便會碰到意外的厄境這件事，特別小心啊！」

（四）對於由於反對法西斯蒂增加了發行份數的諷刺雜誌拜克·基勞，法西斯蒂在羅馬該西斯蒂週刊上，加以如左之販賣妨害：

『凡爲法西斯蒂者，不可接近像「基安尼」的雜誌那樣的東西。我們必須竭力地努力使其發行份數減少。法西斯蒂黨員而經營派報社者，決不可販賣這種雜誌；又雖然是非法西斯蒂的販賣人，也不可陳列像這樣的雜誌，而有碍法西斯蒂的視聽。市民諸君也不可讀這樣的雜誌，並不可惹旁人注目地那樣拿着走。公然拿着這樣的雜誌的，和結着赤領帶或在懷裏藏着紅手巾是同樣的。法西斯蒂勞動者，必須注意不要把拜克·基勞那樣的東西，拿到他的工廠裏來。鉄道職工決不可把上述雜誌搬運到各地方去。最近上述雜誌，似乎在每早六時左右，秘密地從發行所被搬運到勞働者街的方面，分配給反動嫌疑的份子。但願這些份子，注意在法西斯蒂黨員中，也有在上午四時能夠起來的事情。』

拜克·基勞曾抗爭一個月，終於停刊了。

意大利的報紙發行者協會，對於這種橫暴的壓迫，曾好幾次抗議，但結果被政府下令解散。像這樣，反法西斯蒂的新聞，因爲受了彈壓，遂至不得不停刊了。但資力雄厚的報紙，仍忍受彈壓而繼續發行。因此，法西斯蒂黨遂出於經濟的占領報紙之策。在意大利資本最雄厚的報紙，是Corriere de'la sera。因爲該報是和莫索里尼的機關報意大利國民新聞(Popolod italia)同在米蘭(milaro)發行的關係上，最警戒於莫索里尼的彈壓。故該報受了第一次警告時，即宣布「爲了免受第二次的警告，避免關於內政的批評。」在反對黨的新聞中，也有冷笑該報的態度，而譏其胆怯的。一般人因爲該報社長阿爾拜太尼在元老院，對於莫索里尼，採取反對的立場，遂以爲在該報上，也恐怕是絕對反對莫索里尼的；又有人傳說該報的發行所，恐怕要移到附進的路咯諾罷。所以現在這樣的沉默和屈服，殊出於一般人的意外了。像這樣，阿爾拜太尼忍受屈辱，而不屈於法西斯蒂黨的威嚇，繼續發行了該報。但結果，法西斯蒂把該社的股票弄到手，阿爾拜太尼遂於一九二六年一月，被逐出了該報社。他在職計二十五年之久；多數記者都和他同去了。這樣，衝鋒報，意大利新聞，導報(Tribian)，馬泰諾報等大新聞都移轉到法西斯蒂之手了。只有門德報，前進報，救斯金卡報，(Givssizia)烏基・賴巴布里加諾報等四報，保持着「反對報紙」的地位而殘留着。但一九二六年十月茲安包尼之暗殺未遂事件之時，奉到命令，勒令無期停刊，以此爲最後而意大利的報紙，完全法西斯蒂化了。但天主教派的報紙，現在還殘留着多少問題。元來天主教黨，當一九二五年，內部的分裂，已明瞭地表現出來，而分裂爲天主教國民黨和國家中央黨二者，天主教派的大報紙，加入了後者。因爲國民黨成爲了反法西斯主義的，一九二八年被解散而報紙也消滅了。中央黨是支持法西斯主義而存續着的，但一九二九年，法王和莫索里尼的衝突，也影響於政黨及報紙，而至俄然採取反莫索里尼的態度了。莫索里尼改造內閣而由內閣驅逐成爲最後的政黨閣員之中央黨系的閣員；中央黨遂至於不得不解散，該黨一系的報紙，也大都停刊了。僅包勞尼亞市（Bologna）的avvenire d italia和米蘭的意大利報等數報，好容易殘留着。前者，傾向法西斯主義，後者採取着超然的態度。還有法王的機關報，奧賽爾烏特萊，羅馬在烏基幹發行，在意大利政府的勢力圈外。

（二）著名的現代報紙

意大利每日出版的報紙在實行統制前，爲一百一十九種，到一九三二年，減少到七十四種，最近又增加到九十種了。現在願就其中値得注目的報紙，略加說明。

現在的意大利報紙，可分爲黨機關報和普通報紙二種。黨機關報，都在報紙名稱前，印着黨徽(Lictor一束)；編輯部和營業部的職員，都以黨員担任着。但因爲意大利所有報紙，完全被統制着，所以就政治的傾向說，黨機關報和普通報紙，都是一樣的。黨機關報中，首屈一指的，是意大利國民新聞和法西斯勞働晚報(Rivecto Fascesti)二報。意大利國民新聞是莫索里尼自身所創辦的，一時，曾經其弟阿爾奈爾德經營，現在則爲其子魏特所經營着。牠是法西斯蒂的機關報，從內政和外交兩方面看來，都是最重要的報紙。發行份數約十四萬，並發行着關於農業的星期新聞，關於政治文化的「月刊雜誌」及討究時事問題的「月刊雜誌」，做爲該報的附屬出版物。法西斯勞働晚報是勞働者，俸給生活者及藝術家各組合之聯合總同盟的夕刊機關報；代表他們的經濟的和精神的利益，同時是成爲他們的指導機關的。發行份數，約十萬。是規定爲各種地方組合之義務購讀的報紙的。該報也發行着農業和其他門類的雜誌。上述二報的銷路，以訂閱占着多數。

在普通的報紙中，Corriere della Sera 在政治上，是失掉意義了，但當做報道新聞和經濟新聞而觀，依然占着第一位；其發行份數，朝晚二次，共六十萬，並發行 Corriere星期號，兒童週刊，日刊家庭雜誌，小說雜誌等；就中，星期號發行着一百三十萬。總之，該報是沒有失掉其世界的新聞之位置的。羅馬的邁沙截勞報（Messaggero）是在羅馬，最被人們愛讀的雜報新聞；發行份數十七萬；其編輯方針，是大衆的。意大利日報是半官報，特別是外交上之論文和記事，被認爲政府的宣傳；發行份數二十萬。導報是鼓吹愛國精神，主張强硬外交的；發行份數，達二萬五千。又拿坡里（Napoli）的馬泰諾報發行份數十三萬；陶里閣（Torino）的衡鋒報發行份數十萬，都不失爲地方的重鎭。所以在目前，意大利日報，邁沙截勞報，導報及羅馬國民新聞（Popolo di roma）（按與後重複恐有錯誤）被稱爲羅馬的四大報。還有奧賽爾烏特萊•羅馬是法王廳的機關報，占有着特殊的地位。此外，在羅馬有羅馬國民新聞和泰烏萊報（Terere），在米蘭有阿姆布蘭基諾報。羅馬國民新聞，最初，是做爲意大利國民新聞的「羅馬版」而爲莫索里尼所發行的，現在，則爲法西斯蒂農業協會所經營。發行份數約七萬。泰烏萊報是午報；是以過激的法西斯蒂知名的。阿姆布蘭甚諾報是夕刊，擁有四萬左右的讀者。其他，在威尼斯（Venezia）特里斯特（Tries）等處，也有黨機關報被發行着。

現在的意大利報紙，是六頁，八頁，十頁三種；定價爲二十生的西米；除黨機關報外，大抵是叫賣。這樣的頁數和定價，是由法律所決定的，不得記者公會和國家的同意，則不得變更。報面的編輯法，是；第一頁爲社論，內政，外交上之問題，及關於產業，輸出，團體組織的記事等，凡有關國家和人民的重大記事，都被登載於此頁，而國內外的普通消息，被利用以塡空白。也用出欄的大標題並有像片，諷刺畫等，和別的報紙，沒有什麼不同。第二頁，是經濟和地方新聞，及商況市場等。第三頁，是小說，學藝，讀物，旅行記等雜誌的要素，意大利人，多喜讀這種東西。第四頁乃至第五頁，是各該都市的有趣味問題或突發的奇聞等。第五頁乃至第六頁，是體育運動。第七頁，是各方面的最後消息。第八頁，是廣告，但有時第六頁的記事，也有擠登在本頁的。

中國新聞界的新動向

戶塚四郎原譯

一九三五年六月號日文雜誌社會及國家，載有中國新聞界的新動向一文，係戶塚四郎氏，抄譯自上海出版的 Far eastern Review 同年四月號的。原著者，爲 J.C. Sun 氏。讀後，覺得牠尙能概括地表示，中國新聞界的現狀和趨勢，因譯附本書之末，以補其不足，雖然他的立場和主張，尤其在「論說之態度，」一節裏，說到內政和外交問題時，爲我所不能同意。因蟄居海外，看不到原文，並且不知原著者曾否以中文發表，故從日譯轉譯，因而也怕難免有失原意處，這是應該向原著者和讀者表示歉意的。

——一九三五，六，一——

(一)地方報紙之興起

向來，在中國的商埠和主要大都市，所發行的報紙，是在內地擁着了很大的發行份數的。但現在，則無線電把這種情勢，給完全一變了。因爲國民黨的通信機關中央通信社，每天，從南京放送新聞二次，所以只要有小小的收電機一架，則無論什麼小都市的報紙；也差不多能夠沒有代價而得到國內外的新聞。因而商埠和主要大都市的報紙，被奪去了他在和地方報紙競爭上，所具有着的最有利的立場。

近年來，地方報紙的發展，有很顯著的事實。在關於全國的新聞之範圍內，其記事頗動人，而表示着質之已被改善。報紙的數，也顯着地增加了。依據中國郵政局的一九二四——二五年度，日報名鑑及一九三四年初，國民黨宣傳部所調查，而比較上述二年之報紙分布狀態，則如下述：

省別	一九二四年	一九三四年
江蘇省	五七	二二七
內，上海一處	一七	四四
南京一處	（包含在江蘇省內）	三二
浙江省	一〇	七七
河北省	一〇二	一四〇

內，北平一處	八五	七七
天津一處	一七	四二
湖北省	三六	三九
內，漢口一處	三〇	三一
湖南省	一四	二八
福建省	一三	一七
廣東省	二〇	四六
廣西省	一〇	九
山東省	二四	四三
內，青島一處	（包含在山東省內）	二六
陝西省	二	六
貴州省	二	二

四川省	一五	一六
山西省	一一	[illegible]
河南省	五	二六
江西省	七	二五
甘肅省	一	五
安徽省	四	三六
雲南省	○	八
察哈爾省	○	五
綏遠省	○	七
青海省	○	二

地方報紙差不多完全是從國民黨黨部或該地方的有力者，受到補助費而被發行着的。編輯者，普通是國民黨黨員又長於文筆的卒業學生，雖然從學校卒業而得不到有利的職業，不

得已入了報界的一夥人。地方報紙有正彷彿於十年前的北京報界的情況者。

這些地方報紙的發達，使上海的申報，新聞報等那些大報之發行份數，減少；据說，該兩報本來是各擁十五萬之發行份數的，但前者激落到十萬份，後者更激落到六萬份了。這兩報，在北平還是中國的首都，關於不阿諛政府的新聞和意見等之發表，上海比較今日爲自由，而新聞資本積集着了在上海的當時，是對於北平和天津也曾派銷着相當大的份數的。但由於情勢之變化，而現在，則天津和北平的報紙，成了在中國最優秀的報紙。這是胡適博士和其他許多人們所一致了的意見。

（二）小報之發展

大都市報紙之發行份數的減少，也是受近年來在各商埠，北平，南京等地的所謂「小報」之發展的影響的。在這些小報中，也有下等的東西，但也有頗富於特別新聞，而得信賴的東西。除用簡單的報告的形式，揭載重要的新聞以外，並特別致力於地方的新聞，又很多地登載着長篇小說及其他有趣味的讀物。一時，小報，在全國的新聞之速報上，不能和大新聞競爭的時代也曾有過。例如成爲北平的有名的小報之羣强報，便永未登載全國的新聞。該報之所以能夠銷售，是因爲登着該地方的犯罪新聞，色慾新聞及中國演戲界的新聞等和連續的長篇小說；其發行份數，曾有一時超過北平報界的最高紀錄的一萬份。

這時候，經營着某通信社的某中國人（譯者按，即經營時聞通信社的管翼賢君，），向這一方面進攻而發行了所謂實報的「小報」。這一「小報」，忽告成功。不久，遂超過羣强報，而現在則擁有三萬以上的發行份數。實報，不僅具有着和牠相競爭的報紙之一切特徵，而且也用簡單的形式，揭載着全國的新聞。因而牠的讀者，不僅是小賣商人和車夫等，並也包含着知識階層和實業家。其後，曾有數種和牠近似的報紙被發行，而任何一種，都是收支相抵，沒有虧折的。

「小報」的篇幅之大小，平均是縱十六英寸，橫十英寸。因爲比較大報爲小型的，所以能在四頁之內，比較精細地收集新聞記事。第一頁，載全國新聞；第四頁，作地方新聞欄和演戲廣告欄；而把特別記事和一般廣告等，登載於內側之第二頁和第三頁。報費，是每月二角，依現在的滙兌率換算，則還不足金元七分呢。

（三）「蚊新聞」之出現

除上面所述者外，在「小報」裏頭，還有俗叫「蚊新聞」的一種東西。其盛行的地方是上海；在上海，比較讀登載着政治記事和國際記事很多的十二頁或十六頁的眞實的報紙，專喜讀以政治的社會的傳說風聞，塡滿了的輕快的「小報」之有閑階級爲多。這些「小報」，大抵是一週發行一次或二次的，但就中，也有是日刊的。

牠並不做，新聞的速報，但屢屢就政府裏面所起的事件，登載有興味的記事。由於檢閱而被禁止揭載於大報的那樣的新聞，常常改變形態而出現於這種「小報」。編輯者毫無忌憚地，加些色彩於新聞，甚而揑造新聞。這些「小報」，當一九三二年中日衝突之際，屢屢像親眼看到那樣地，記載着了所謂中國軍隊戰勝了日軍的假消息，這恐怕是多數的上海居住的人們，所能想起來的罷。許多不注意的外國人通信員，是誤信這種假消息而報告到海外去的。由於這種小報流行着的事情判斷，則可想到牠們也和北平的「小報」同樣，是在經濟上成功着的。牠的發行，只要極少額的資本，就夠了。這是因爲發行人一手包辦編輯者，記者及經營者的工作，而關於印刷，通例是訂立契約，使印刷局包印的。只要大報因爲檢閱，不能夠揭發上層社會的黑幕，則一般大衆恐怕仍要把這種「小報」的記載，信爲正確而常顧讀牠罷。

（四）論說之態度

儘管有使論說的獨立性，殆成爲不可能的檢閱制度存在，而近年來，論說却逐漸爲人所重視起來了。這件事，一見好像是矛盾的樣子，但的確是事實。連在從一九二八年，國民政府樹立於南京以來，至一九三一年九月十八日的奉天事變爲止的這期間內，雖然非議國民黨和國民政府的事情，每被認爲反革命而受處罰，但北平和天津的幾家報紙，還是每日揭載着了社論的。不待說，雖然討究到國家的事件，但因採取明確的態度時，有被禁止發行之虞，所以其社論也勢不能不以態度曖昧爲常。

另一方面，關於國際問題，則完全自由地加以評論。事實上，在編輯者之間，似有這樣的暗默的諒解，即當黨內的將領間，有內鬨勃發之虞的時候，避免評論內政而把他們的注意，向着外交問題。這點，顯著地變化來了的，是一九三一年的奉天事變以後。像在該事變剛發生後的幾個月內那樣，國民黨和政府，從報紙方面受到了的率直的非難，是向來沒有的。當否，是另一問題，一般民衆，殆相信這種未曾有之國家的屈辱，其責任，在黨和政府；報紙是直接反映了這種感情的。

對於國家的事件之報紙的影響如何，及報紙的社論，反映輿論到什麼樣的程度？這是不容易推斷的。就內政問題而言，若是和黨或政府沒有關係的報紙，則可以認爲是正確地表示輿論的，至其能不能推動政府，則爲另一問題。但就外交問題而言，這些報紙不一定能夠信賴爲輿論的指標。事實上，若說到中國的報紙，關於外交問題，曾給了何等的影響，則只是消極的作用，也有偶然做了破壞的作用的，例如一九三一年，日本占據滿洲以來，除却一二值得注目的例外，各報都一致要望政府公布對日宣戰。參照其後的事情，則不可不說政府不曾爲這種要望所動爲幸。但因爲有報紙之猛烈的反對，遂致政府不能拿日本幣原外相所提出的五條原則爲基礎而開始和日本直接交涉。現在，在中國報紙的編輯者之間，大抵抱着：「若當時基於上述原則開始中日交涉，則滿洲也許到現在還繼續是中國的領土罷！」這樣的感情。關於滿洲變成現在這樣的狀態一事，報紙不能不負某種程度的責任。

另一方面，就國內問題而言，則報紙漸漸增加着其勢力。一九三三年福建事變之所以很快地平定，固然是由於政府軍的優勢，同時，報紙的反對也是有大作用的。蓋在代表各方面的政治意見的各種報紙，若認爲有何等之一致點，則那便是中國不能容許有內亂這一點，而這種感情，在福建事變中，是極明瞭地被表現着的。

中國報紙的體裁，現在還是步着英國的後塵。但在新聞的表現上，採用着美國式的也不少。在一部分有力的報紙，要延聘大學教授和歸國的留學生使担任論說委員的傾向，漸漸加强；像天津的某報，對於一個論說記者，（譯者按即天津益世報的羅隆基君）每月即支給五百元的高薪。中國報紙的社論，頗多長而冗沓的文章；在討究國際問題的場合，則多解說的東西。對於地方問題的批評的社論，則顯着地是漠不關心的。依國聞週報的一記者所指摘，則中國的報紙，過於注意全國的問題及國際問題，而對於地方問題，沒有興味。

到現在爲止，還沒有相當於美國的紐約太晤士報或英國的倫敦太晤士報那樣的全國的報紙。比較最相近的是天津大公報。該報是在「庚子事變」後，不久，由某進步的滿洲天主教徒所創辦了的；其後，經過幾個人的手，到一九二六年，纔轉移到現在經營者的手裏而加以改造的。因其經營得宜，和社論的勇敢，到一九二〇年，遂成了華北第一個報紙。一九三一年以後，更增加了其聲望和威力，在目前，成了中國最優秀的報紙，並恐怕可以認爲是中國最有力的報紙。

(五)政治新聞

在中國的報紙中，現在還是政治新聞極多。這一點，是外國人之所屢屢非難的。但中國人所以表現着十分着意於政治，是因爲處在政治爲一般人所不得不關心的事情之過渡期的。自然，政治新聞是沒有益處的，這種批評，在某種程度，是中肯的。如北平的某某報的南京通信員，迹閣員們，於星期末，到上海遊玩去的事情，也報告着。但對於這種關於人事的記事、旣已明白地表現出反動來了。因爲在比較進步的新聞，已經感覺到一般民衆對於這種新聞，沒有興味了。

若考慮到中國的通信員不能不和在英國和美國所不存在的那樣的很多的困難鬬爭的事情、則其政治新聞的報道之正確和敏速，是顯着的。外國文報紙所登載的中國政治新聞，比較中國新紙，通常是遲二十四小時的。但外國報紙因受着治外法權的保護，比較中國報紙，具有着能夠自由地解釋中國的政治新聞的有利之點，雖然不一定是正確的。中國的通信員，因有檢閱制度，對於政治上的事件，不願加以解釋。結果，一般人們，若不每日注意着政界的情勢。則縱然看了新聞，也是不容易明白的。

(六)國外新聞

次於政治新聞而被重視在其本來的價值以上的，是外國消息。中國的知識階層，對於國際問題，抱着不絕的興味、這是事實；一九三一年之奉天事變以後，這種關心，更加增大了，也是事實。但對於外國新聞，費了很多的篇幅，是由於中國在某種程度上，成了外國的宣傳者之恰好的舞台的這種事實的。因爲中國擁有世界全人口的四分之一，具有着成爲大國的潛勢力，所以全世界，都是汲汲於迎受中國的好意。結果，中國的報紙，差不多是無代價而被供給以外國消息的。經過分給英國的路透通信、和法國的哈瓦斯通信的中央通信社之手，而北平，漢口，南京或天津的報館，以每一個月不足六十元（美金二十元）的稿費，便可每日得到至少七段之多的外國消息。而日本的新聞和德國的新聞，則前者由日本新聞聯合社，後者，由海洋社（transocean geselschaft），都是不費一錢，便可白拿到的。

還有體育運動記事，近年來，成爲占着相當大的篇幅的樣子了。在中國的新聞記事中，現在還是比較地非常有遜色的，爲災害，鉄道事故，遭難船舶，海賊，暴風和地震等記事。昨年，在中國內海，有船舶遭難的事情好幾件，每一件事，都喪失了百人以上的生命，外國文報紙都曾經詳載，但中國報紙，則不曾重視牠。這也許是因爲在中國彷徨於餓死線上的人民非常多，像數百人的死亡這樣事情，沒有採爲新聞的價值罷！

（七）關係外國人的記事之誤報

在一部分僑居於中國的外國人，有屢屢訴述：關於中國和外國之間的交涉或事件，不能信賴中國報紙的。這種不滿意，是當然的。但關於這事，有下述的理由。第一，是不能自由運用語言。中國人的新聞記者，能說英語的，爲少數；和外國人有交際者，更是少數；因而在關於外國人的重要新聞發生了的場合，常碰到不能直接得到情報的困難。又連西洋的最優秀報紙，尙且在以公平無私的態度，報道國際問題上，還有困難，而在中國，因爲外國的租界和領事裁判權存在，且民族主義運動，近年來又勃興了，上述困難，更加複雜着。考慮到這些事情，則比較在商埠的外國文報紙，報道中國的新聞之場合，中國報紙報道外國的新聞的方面，果能說是不能信賴呢？還是不能說呢？有些外國人對於關係外國人社會的中國報紙的報道，不大置信，固是事實，而同樣地，中國的新聞界，不重視關於中國政治及其他事情的外國文報紙的報道，也是事實。

图书在版编目（CIP）数据

新闻之理论与现象 / 张友渔著．—北京：中国传媒大学出版社，2018.3
（中国近代新闻学名著系列丛书 / 芮必峰主编）
ISBN 978-7-5657-2302-5

Ⅰ．①新…　Ⅱ．①张…　Ⅲ．①新闻学—文集　Ⅳ．① G210-53

中国版本图书馆 CIP 数据核字（2018）第 054264 号

中国近代新闻学名著系列丛书
芮必峰　主编
新闻之理论与现象
XINWEN ZHI LILUN YU XIANXIANG

著　　者　张友渔
策划编辑　司马兰　姜颖昳
责任编辑　姜颖昳
封面设计　拓美设计
责任印制　阳金洲

出版发行　中国传媒大学出版社
社　　址　北京市朝阳区定福庄东街 1 号　　邮编：100024
电　　话　86-10-65450532 或 65450528　　传真：010-65779405
网　　址　http://www.cucp.com.cn
经　　销　全国新华书店

印　　刷　北京华联印刷有限公司
开　　本　787mm × 1092mm　1/16
印　　张　18
字　　数　165 千字
版　　次　2018 年 6 月第 1 版　　2018 年 6 月第 1 次印刷

书　　号　ISBN 978-7-5657-2302-5/G · 2302　　定　　价　88.00 元